**Baba Koita**

# ITINÉRAIRE D'UN FILS DU FOULADOU

Baba Koita

# ITINÉRAIRE D'UN FILS DU FOULADOU

Autobiographie

Éditions Muse

**Imprint**
Any brand names and product names mentioned in this book are subject to trademark, brand or patent protection and are trademarks or registered trademarks of their respective holders. The use of brand names, product names, common names, trade names, product descriptions etc. even without a particular marking in this work is in no way to be construed to mean that such names may be regarded as unrestricted in respect of trademark and brand protection legislation and could thus be used by anyone.

Cover image: www.ingimage.com

Publisher:
Éditions Muse
is a trademark of
Dodo Books Indian Ocean Ltd., member of the OmniScriptum S.R.L Publishing group
str. A.Russo 15, of. 61, Chisinau-2068, Republic of Moldova Europe
Printed at: see last page
**ISBN: 978-620-3-86534-9**

Copyright © Baba Koita
Copyright © 2021 Dodo Books Indian Ocean Ltd., member of the OmniScriptum S.R.L Publishing group

# Baba KOITA

## AUTOBIOGRAPHIE

*Itinéraire d'un fils du Fouladou*

À mes épouses : Mariétou, Coumba et Soyata
Mes enfants
Mes frères, sœurs, cousins Cousines, neveux et nièces au Sénégal, Mali, Gambie, Guinée Bissau et en France.
Mon ami et frère Djidéré Baldé, mon compagnon de tous les jours

# SOMMAIRE

# AVANT-PROPOS

Ce 16 Avril 2020, dans un contexte de semi- confinement de la pandémie du covid-19 à Dakar au Sénégal, vers les coups de 16 h30mn, j'étais devant mon lavabo en train de faire mes ablutions pour la prière de 17 h. Quand j'ai ouvert le robinet, relevé ma tête, je me suis vu de face, devant cet objet communément appelé le « miroir ». Je sentis, à l'instant, remonter en moi un flot de souvenirs comme si un éclat de sens m'envahir, et en même temps m'ébranler, au risque de ruiner la résolution d'évoquer le passé : « *quand la mémoire va ramasser du bois mort, elle rapporte le fagot qu'il lui plait* » disait le Maitre – Conteur Birago Diop.

Ce récit évoque un parcours de cinq décennies. J'ai pris le risque d'écrire en ayant à l'esprit ce que Sénèque disait :« *ce n'est pas parce que c'est difficile que nous n'osons pas c'est parce que nous n'osons pas que bien des choses nous semblent difficiles ! »*. Mon témoin sera, tout le long de ce récit, cet instrument miroir, le reflet de ma vie, consigner quelques facettes de mon « parcours. »

De prime abord, ces faits sont aujourd'hui des fagots de bois morts. Cependant, leur faisant écho, des signes enfouis tangibles et palpables semblent leur redonner vie. J'ai ouvert mon vieux cartable qui m'a toujours accompagné durant mes multiples réunions et rencontres. Ces traces se saisissent de moi, corps et âme. Je compulse avec ferveur les comptes rendu de réunions d'antan. Dans cette entreprise d'écriture, j'ai surtout retrouvé la mémoire des yeux, avec une résurrection du regard, en me plongeant dans la contemplation jamais lassée des photos prises par les animateurs de notre Organisation Non Gouvernementale (ONG) et par des professionnels de la photo au niveau de l'institution Crédit Mutuel du Sénégal, (CMS).

Nous étions, modestement, acteurs et témoins, sans beaucoup de prise sur les choses, mais avides de dialogues avec les autres.

« *L'itinéraire d'un enfant du Fouladou* » est en somme, une façon de présenter mon aventure, à la critique de ceux qui y ont participé heureusement, et Dieu sait qu'ils sont nombreux, mais aussi et surtout à cette génération de jeunes d'aujourd'hui et de demain, tous invités à écrire sur leur parcours mais aussi sur des personnages valeureux du Fouladou.

# PREFACE

*Par ce texte, Baba Koita entend se raconter. L'intention est louable mais, comme toujours, une confession ne peut s'empêcher de se trahir en occultant l'essentiel : l'histoire sans masque, la vie dans sa nudité. Au vrai, l'entreprise brouille les pistes en montrant pour mieux cacher. Quelque part, «* l'itinéraire d'un fils du Fouladou *» de Baba Koita ne déroge en rien de cela car, comme tout récit de soi, il fonctionne effectivement sous le régime de la duplicité et du non-dit. Pourtant, c'est là où réside tout le mérite de Baba Koita qui ose se raconter publiquement dans une culture dans laquelle on ne le fait pas habituellement : les échecs et les réussites, le malheur comme le bonheur sont soigneusement ôtés des yeux et des oreilles des autres chargés, dit-on, d'un potentiel maléfique. Ainsi, pour le peu qu'il nous en dit, il viole les codes d'une culture de l'occultation de soi, de la pudeur et du tabou. Baba Koita semble vouloir relever un paradoxe, celui d'un double défi : se montrer tout en se cachant. Hésitant entre l'intime et l'exposition de soi, il fait mine d'ouvrir un pan de lui-même qu'il finit par fermer au profit d'un discours plus neutre, moins personnel. Les souvenirs qu'il égrène sont ceux d'un film d'une vie bien remplie mais aussi ceux de la quasi-totalité des membres d'une génération dont chacun a vécu la même enfance faite d'écartèlement entre un ancrage dans le royaume d'enfance, socle fondamental de l'identité et l'appel de l'ailleurs sans lequel toute réalisation de soi, aujourd'hui, semble impossible.*

*Mais il faut savoir aussi rompre avec la tradition, le progrès historique n'est possible que par ce biais. C'est l'exemplarité et le pragmatisme de son parcours qui légitiment cette rupture : Baba Koita est un héros pacifique qu'il s'agit de donner à voir aux jeunes générations dont le besoin de figures emblématiques est plus que jamais prégnant. Il partage avec ceux de sa classe d'âge une même envie, la même volonté de transformer les réalités sociales en sortant de la misère leur terroir potentiellement riche. Il fait partie d'un embryon d'élite consciente de son devoir de solidarité envers la communauté, consciente du fait que la réussite n'est pas que matérielle et individuelle, elle est avant tout une immersion, sans opportunisme, dans le corps social en vue de lui insuffler un suc vital salvateur. On va l'école pour soi et pour les autres. Aujourd'hui, en dépassant le verbiage, on se rend compte de la démission des petites et des grandes élites gangrenées par l'idéologie du chacun pour soi. A ce propos, on se souvient des paroles de Frantz Fanon : « chaque génération doit dans une relative opacité découvrir sa mission, la remplir ou la trahir ». Baba et ses amis ont essayé d'assumer leur mission historique. Ils ont commencé à le faire à Dialambéré-l'Autel-de-pierres puis à Bagadadji et ailleurs au Fouladou sachant que rien ne les y préparait. Un mot d'ordre s'imposa à tous : enrayer l'exode rural et sortir ce village et d'autres de la précarité suite à la grande sécheresse des années soixante-dix. Cette volonté, quasi-prométhéenne, se nourrit d'un amour inextinguible pour le village et le terroir. En effet, cet attachement viscéral à Dialambéré-l'Autel-de-pierres, ce patriotisme villageois engendra les péripéties de l'odyssée que narre Baba Koita dans son ouvrage. C'est une chronique de la somme d'efforts communs de centaines de personnes sur des années.*

*«* L'itinéraire d'un fils du Fouladou *» de Baba Koita est donc un récit de soi qui s'étale sur plus d'un demi-siècle de pérégrinations entre Dialambéré-l'Autel-de-pierres et le reste du monde (Dabo, Kolda, Ziguinchor, Dakar, Paris, Montréal, Bamako, Bagadadji...). C'est avant tout un bilan qui est, pour l'auteur, une recherche de compréhension de soi traduisant ce que*

*le Philosophe Paul Ricœur a appelé l'« identité narrative ». Mais ce qui nous est donné ici à lire, c'est plus que des paroles, ce sont les jalons, les étapes d'une mutation quasi-ontologique en compagnie d'hommes et de femmes en prise avec la vie. L'« itinéraire d'un fils du Fouladou » est un discours de la méthode pour construire une fourmilière, il nous parle de nous et des autres car nous avons ici à la place d'un moi épris de lui-même, un nous instruit par des symboles culturels communs. Baba Koita ne se raconte pas seulement lui-même mais il nous narre aussi le Fouladou au début des indépendances, celui des pistes, de la vie rurale, des belles voix des cantatrices, des séances de lutte dans la mythique place du Tabayel, le nombril de Dialambéré-l'Autel-de-pierres.*

*Cette autobiographie ne se résume pas en une seule trame mais elle est un kaléidoscope de faits vécus, une suite saisissante de tableaux, de figures et de situations compilant des décennies de quête de soi, sous des modalités diverses d'audace, d'hésitations, de déceptions, d'amour, de souffrances, de joies, de fatigues, de découvertes et de dialogues avec soi et les autres.*

« L'itinéraire d'un fils du Fouladou » *est un vade-mecum, un aide-mémoire qui s'offre comme un travail pionnier venant au secours de la plupart d'entre nous en bute à l'absence de mémoire. Dans notre culture menacée de toute part d'amnésie, nous ne pécherons jamais par excès de mémoire au contraire l'oubli délibéré de pans entiers du passé nous mutile en nous plongeant constamment dans l'aliénation. Ce qu'il fait dans ce travail, c'est qu'il restitue aux générations futures leurs racines ancestrales : le travail des pères fondateurs, des pionniers. La galerie de portraits (pères, mère, oncles, chefs de village, artistes, lutteurs...) que dresse l'auteur traduit une continuité généalogique de plus de cent cinquante années qui s'enracine au Fouladou mais également de manière profonde dans l'empire du Mali, une profondeur historique et géographique insoupçonnable. Le début de Dialambéré-l'Autel-de-pierres avec Abiibu-le-pionnier, au XIX siècle, est presque contemporain du* ***Turuban****, la fin héroïque de Dianké Wali et des siens à Kansala. Dialambéré-l'Autel-de-pierres, tout comme d'ailleurs l'auteur, est la preuve par neuf de notre identité métisse faite de multiples brassages ethniques démontrant l'insertion du Fouladou dans une dynamique historique séculaire d'échanges multiformes. Une ouverture à toute la sous-région (Mali, Cote d'Ivoire, Sierra Léone...) que le commerce paternel confirme amplement.*

*Le village éponyme de l'auteur, Dialambéré-l'Autel-de-pierres, rend compte à lui seul de la « fusion ethnique » entre peuls, mandingues et soninké et autres à tel point que parfois l'identité perd ses repères et se transmue en son autre engendrant une interrogation bien socratique que certainement Baba peut revendiquer sans gêne aucune: qui suis-je ? Soninké ou peul ? Origines diverses mais mêmes valeurs, mêmes langue et langage, mêmes croyances, mêmes rites sociaux que la liturgie du masque volant, celui du* ***Kankourang Ifanbondi*** *renforce. L'organisation sociale a pour colonne vertébrale la concession, le* ***gorol,*** *à l'intérieur duquel la grande case des femmes, le* ***bummba,*** *foyer irradie de la chaleur affective les enfants tout en constituant un sanctuaire féminin inviolable avec sa « reine-mère », la* ***mawdo bummba****. Ces deux espaces inscrivent chaque individu dans une continuité généalogique sans commune mesure avec l'émiettement actuel des familles livrant chacun à lui-même sans aucune préparation. Baba grandit ici au milieu de la fratrie constituée d'innombrables mères, pères,* *frères et sœurs où la filiation utérine n'a pas plus grande importance sociale que l'ordre patrilinéaire.*

*Le texte de Baba Koita nous indique comment il a participé à l'entrée de plusieurs hameaux dans la modernité : une irruption qui se fait péniblement dans une totale impréparation de populations percluses de misère et en prise avec les éléments. Patiemment, il a engagé des actions (dans l'alphabétisation, l'environnement, la santé, l'agriculture, l'élevage, la formation, la microfinance, etc.) qui souvent exigent que l'on décidât audacieusement, parfois dans l'urgence, et toujours en s'appuyant sur ce qui paraît le meilleur dans une situation donnée. Par ce biais, il a essayé de bâtir, avec ses mains et avec celles de mille autres, successivement différentes structures, avec l'appui de partenaires, pour contribuer à améliorer les conditions de vie des populations. Sa réussite aura été de parvenir à un degré appréciable de mobilisation sociale sur la base d'une confiance mutuelle et en donnant foi en eux-mêmes à des hommes et des femmes pour lesquels, souvent, l'amélioration de leur sort ne pourrait provenir que de l'extérieur. En sillonnant les villages, il a fait corps avec la communauté opérant, selon le mot d'Amilcar Cabral, une sorte de « suicide de classe ». Il nous rend compte dans ce processus de changement social du jeu des acteurs aussi bien au niveau des villages, que des institutions d'appui au développement et dans les organismes mutualistes. En somme, rien ne prédisposait Baba Koita à son destin,* ***fodoore****, de pourvoyeur d'espoir.*

***Kabirou Gano***
***Professeur de Philosophie***
***FASTEF/ Université Cheikh Anta Diop***

# I
# Dialambéré, l'autel–de-pierres

### 1- Le lieu-dit Dialambéré

Dialambéré provient de deux mots mandingue « dialang » et « béroo » dérivé du préfixe « Jalan », signifiant le fétiche et du suffixe « béroo » qui veut dire la pierre. Donc, Dialambéré signifierait (l'autel de pierre) la « pierre fétiche ». On peut penser que le chasseur avait comme fétiche **la pierre** qui lui aurait servi d'objet rituel depuis son Guidimakha jusqu'à Dialambéré en passant par le puits de pierre, Bérékolong. Au demeurant, ni les fils, ni les petits-fils du fondateur n'ont pratiqué le rite animiste de la pierre. Peut-être qu'il n'en a pas eu le temps ou n'a pas voulu transmettre cette pratique rituelle à un de ses fils à cause probablement de l'islamisation qui les a détournés de ces pratiques.

Il existerait plusieurs villages dénommés Dialambéré dont un au Pathiana (département de Vélingara), un autre dans le Sonkodou (ouest de Kolda) dont les fondateurs, racontent les vieux, avaient quitté le Dialambéré du Patim et auraient gardé le nom de leur village originel ; on dit aussi qu'il y en aurait en Haute Gambie. Il serait intéressant de savoir quelle signification les habitants de ces villages assignent à cette dénomination, se trouvant donnent-ils au mot Dialambéré

### 2- Situation géographique, climat, faune et flore

Dialambéré se trouve dans la contrée du Patim Thibo, au Fouladou, dans la région et le département de Kolda précisément au Nord-Ouest, à 20 km du chef-lieu de l'arrondissement de Mampatim, et à 47 km à l'est de la capitale régionale, sur la Route Nationale n°6.

Le village est limité à l'Est par les villages de Saré Pathé (Vélingara Pathé) et Bassoum (Saré Tamsirou), à l'Ouest par Saré Djénoun, Sinthiang Mamadou Aliou et NGoudoumane, au Nord, par Kandiator et au Sud par Médina Koundié.

Dialambéré baigne dans un climat marqué par deux saisons : une saison sèche **(Thiédu)** qui commence au mois d'octobre à fin mai, et une humide appelée hivernage (**ndunngu**), qui s'étend de Juin à fin Septembre. La végétation est une savane boisée et herbeuse. Sa faune sauvage est riche par endroits, composée de perdrix, phacochères, singes, calaos, pintades, tourterelles à collier, tisserins.

Sur le plan hydrographique, Dialambéré est arrosé par le marigot appelé le Kôring un affluent du fleuve Casamance.

# II
# Chronique de la fondation de Dialambéré

### 1- De la fondation de Dialambéré

En quelle année fut créé le village? Les traditions ne donnent pas de date précise mais l'ancien chef de village de Dialambéré, feu Samba You KOITA, soutenait que le village fut créé, tout juste après, la "bataille de Kansala", donc en 1869, après celle de Dioulacolon en 1867. En faisant des recoupements, en rapport avec les évènements historiques, on peut donc situer la création de Dialambéré aux environs de 1868-1869. Cette date correspondrait à la fameuse bataille de Kansala opposant mandingues et Peuls. En effet, assiégés par les Peuls, "les princes (nianthio) mandingues, auraient fait sauter, dans un geste héroïque, Kansala, la capitale.

### 2- Les origines de Abiibu Koita : l'ancêtre fondateur

Qui a fondé Dialambéré ? D'où venait-il ? Que venait-il faire ici ? Dialambéré a été créé par un Sarakollé (Soninké) du nom de Abiibu KOITA.

- **La saga des Koita** :

Abibu appartient à la lignée des Koita dont l'ancêtre est Mamoudou KOITA de Soro- Missidé. Celui-ci aurait eu 10 enfants dont les plus connus étaient : Silamakan Ba KOÏTA, Djimé et Bougari, tous issus d'une même mère. Il aurait eu aussi d'autres enfants dont Wali, Tamba, Samba, Maliki qui s'occupaient plutôt de religion. Selon les traditions, les Koita, dans leur pérégrination seraient arrivés à Walata. Après s'être installés durablement, il y eut un brassage avec les peuls. Quand les Koita sont arrivés au Ouagadou, ils prirent une part active dans la défense de l'empire. Pourquoi et Comment ont-ils alors quitté l'empire du Ghana? C'est à la suite de persécutions infligées à certaines communautés, qu'ils ont été poussé à prendre leur distance par rapport au pouvoir central. En effet certains clans subissaient des traitements dégradants, voire de l'esclavage. Les Koita finirent par se révolter contre les autorités impériales du Ghana. Ils ont organisé les clans oppressés dont les Kagoro pour quitter l'empire. L'empereur a levé une armée pour les combattre mais n'a pu venir à bout de la troupe des Koita. C'est à la suite de cette péripétie que les Koita ont créé leur royaume du nom de Niağana. Ils avaient à leur tête leur ancêtre Mamoudou, qui s'appelait aussi Niağana Mamoudou. Le royaume des Koita , Niağana (veut dire en soninké: ça va se faire), avait pour Capitale Soro Missidé. Soro est un nom peul qui veut étage, et Missidé veut dire mosquée. En effet les Koita étaient islamisés et le roi, tout comme ses frères, logeait dans un palais avec des maisons à étage. Après s'être installé, ils ont fait ériger un mur (Tata en bambana; Cobi ou Tagayé en soninké) tout autour de la Capitale. Quand ils ont fini de construire le mur, Silamakanba a demandé de jeter le reste du banco dans le fleuve. Ce banco a été le remblai insubmersible, sur lequel le village du nom de Soumabougouni a été fondé. Soro Missidé (qu'on appelle aujourd'hui Sorotomo, vestiges de SoroMissidé) avait tout autour près 313 "villes". L'islamisation ancienne des Koita est attestée par les vestiges de Soro Missidé, appelé aujourd'hui Sorotomo, les emplacements de la grande mosquée, de la petite mosquée et la place de la prière le prouvent amplement. Ils avaient construit d'autres mosquées dans le royaume. Les Koita auraient régné plus de 150 ans. Ce royaume était craint de tous les autres y compris les empires de l'époque. Après Silamakanba Koita c'est son frère Bougary qui l'a succédé au trône. Les Koita étaient des guerriers intrépides et à ce jour encore cette réputation est établie. C'est pour cela leurs contemporains avaient recours à leur service pour les aider à se libérer. Lors de l'exil de Soundjata Kéita, vers Néma, l'histoire retient qu'il a été l'hôte de Soro Silamakhanba Koita, roi de Soro-Missidé. L'histoire retient également qu'au décès de Sogolon Coudouma, la mère de Soundjata, c'est Soro Silamkhanba qui a acheté un lopin de terre au roi de Néma, Farin Tounkara. Pourtant c'est chez ce dernier que Soundjata, sa mère, sa soeur et son frère, avaient été reçus. De retour d'exil, Soundjata a livré beaucoup de batailles perdues contre Soumaoro Kanté, roi de Sosso. Fatigués, les Mandéka ont envoyé des émissaires à Soro Silamakhanba Koita pour lui demander de l'aide. Silamakhaba Koita a intimé deux fois l'ordre à Soumaoro Kanté de laisser en paix le Mandé, Celui-ci n'ayant pas obtempéré, Silamakhaba Koita serait parti le défaire et du coup aurait contribué à libérer le Mandé". Par la suite, les Koita se seraient dispersés. Le rayonnement et la puissance politique et militaire du royaume de Niağana auraient disséminé les Koita dans toutes les régions du Mali, ainsi que dans les pays de la sous- région et même sous d'autres cieux. Justement une bonne partie des Koita s'est retrouvée dans la région naturelle de Guidimakha d'où serait parti Abiibu Koita par étapes et avec pour tout bagage, son fusil de chasse, sa gibecière et ses nombreux gris-gris par le Bounndou, la Gambie pour atteindre *Hamdallahi*, alors capitale du Fouladou,

- **Abiibu : la figure tutélaire (1869-1894), 25 ans de règne**

Grand chasseur, le jeune Abiibu fut remarqué par Alpha Molo d'abord, ensuite par Moussa Molo qui l'intégra dans le rang des armées peules. Très vite aussi, le chasseur du gros gibier se révéla non seulement par ses qualités guerrières, mais par ses pouvoirs magiques : la science occulte que détenaient les chasseurs célèbres de la savane. Dès lors Abiibu devenait un ami, un général dans l'armée du roi Moussa Molo selon la tradition orale du Fouladou. Mais ne renonçant pas à la chasse, Abiibu préféra habiter dans un petit village perdu dans la forêt : c'est le village de Mougnini. Ce hameau, au flanc de l'affluent le Koring du fleuve Casamance, à l'Est de Kolda, était situé dans une zone giboyeuse.

Généreux comme tous les grands chasseurs, ABIIBU approvisionnait en abondance, en produits de chasse, son ami de Hamdallahi. Les anciens précisaient d'ailleurs que Moussa Molo séjournait souvent à Mougnini, surtout quand il partait en tournée dans les provinces orientales et méridionales du Fouladou. Et dans ses randonnées, Moussa Molo s'accompagnait de son ami Abiibu. Mais, selon les traditionalistes, à la suite de dissensions internes, Moussa Molo, conseilla son ami Abiibu –d'aller fonder un village au sud de Mougnini pour une plus grande sécurité ? C'est ainsi qu'Abiibu s'installa à Bérékolon actuel Dioulacolon ou le « puits des Dioulas » (négociants en mandingue). Quelques mois plus tard, après la bataille de Kansala, il y eut une crise au sein de la famille régnante surtout entre frères qui se disputaient le leadership. Sentant les proches de Moussa Molo le menacer, Abiibu fut obligé d'émigrer vers le nord-est du fleuve Casamance, car son village Bérékolon était fréquemment pillé par des bandes de certains soldats hostiles à Moussa Molo, des partisans de ses frères qui s'opposaient à lui.

C'est ainsi que le chasseur guerrier se mit à la recherche d'un site paisible, loin des rivaux de Moussa qui ont voulu l'éliminer physiquement. Il a cherché non seulement un site paisible mais aussi un site favorable à la chasse. Abiibu vint un jour de 1869 camper tout près de Koring, un affluent de la Casamance. Plusieurs semaines durant, le chasseur usa de tout son savoir ésotérique pour fixer, "déblayer" les limites de son futur village. Il avait campé sous le toit d'un petit arbre du nom TABA (*Cola cordyfolia*), et puis il construisit la première case à l'est de petit arbre. Il venait par cet acte de créer le village qu'il dénomma Dialambéré.
Abiibu fut donc le fondateur du village avec toutes les difficultés inhérentes à une telle œuvre. Homme de stature robuste, Abiibu respirait toujours la forme physique et mentale. Il était habile et adroit au fusil. Pour tuer un animal, il pourchassait souvent le gibier avant de l'abattre. Durant son magistère, il a su attirer beaucoup de monde à cause de son bon caractère notamment les Diankanké et les Peuls, propriétaires de vaches. C'était un grand proche de moussa Molo, un guerrier de confiance, dit-on.

- **Abiibu, topographe**

Il conçut un village aux larges rues, presque un plan en damier. Ce qui fait la particularité du village par rapport à ceux du Fouladou. Dialambéré se distingue par cet ordonnancement que chaque gorol participe à socialiser : ce sont les larges rues (gorol) parallèles, délimitant les quartiers. Le gorol désigne une large rue droite bordée de maisons et/ou arbres bien alignés, pris au sens large, il désigne un quartier, c'est le cas de Dialmbéré divisé en 3 grands quartiers ou gorol séparés par ces larges rues comme on en voit dans les villes. Les différents gori (pluriel de gorol) sont apparus ultérieurement avec Yassa :

•**Gorol Fulbé** ou quartier des Peuls, à l'Est, comme son nom l'indique, il est majoritairement habité par les Foulbés estimés entre 100 à 200 âmes.

Il est bâti de la même manière que les autres gori c'est-à-dire constitué de maisons de part et d'autre de la route. A l'époque, il était habité par les Diankanké venus du Fouta Djallons, qui avaient dans leurs bagages des plants d'arbres fruitiers et forestiers comme les manguiers, tamariniers et baobabs qu'ils ont repiqués tout le longs de la route séparant les concessions. Ce qui lui confère aujourd'hui le statut du quartier dit nourricier du village. Il est limitrophe au cimetière, au Forage et au stade municipal de la commune.

• **Gorol mangol ou Gorol Koitakunnda :** C'est le centre du village ou des Koita,, regroupant les grandes familles ''Koita'', très peuplé et animé. C'est le creuset de toutes les rencontres des jeunes, des femmes et du commerce.

Mais avant, il se situait à l'Est du site originel délaissé, après la disparition d'Abiibu certainement, les héritiers ont voulu renouveler leur site d'habitat, plus plat, homogène ou conjurer le mauvais sort après la disparition du fondateur de Dialambéré. C'est toujours fréquent chez les Peuls de fuir le quartier ou le village où ils ont perdu des proches et chers : ce sont des croyances qui résistent au monde moderne…sa population est de l'ordre de 300 à 450 personnes avec 120 ménages.

C'est le siège du chef de village et de l'Imam de la mosquée ; c'est le carrefour symbolisé par le grand tabayi, place publique du village où sont prises les grandes décisions…

Koitakunnda est constitué de maisons de part et d'autre de la route longue de 1000 mètres et où habite, presque, la totalité de la famille Koita. Dans chaque maison, il y ' a des concessions, et dans la concession, on retrouve, généralement : la Case du père et chef de famille, la Case Commune des femmes, appelée « Bumba » en langue poular… et différentes cases autour pour l'oncle, les fils et neveux. Au milieu de la cour se trouvent la cuisine et le puits.

Très souvent, les portes d'entrée des cases donnent une vue directe sur la cour. Qui entre ou sort est vu par le chef de famille, même de sa case.

Il en est de même pour la cheffe du « bumbaa qui surveille, ses coépouses, enfants et épouses de leurs fils, supervise les travaux ménagers.

Juste derrière les cases, se trouve l'arrière-cour appelée en poular le « Bambée » qui est subdivisée en deux parties. Le long des crintings, jusqu'à cinq mètres, se trouve l'espace réservé à la culture des légumes servant à la préparation des plats que sont : les gombos, l'oseille (bissap), les aubergines, le piment, diakatou…

L'espace restant et variant entre un à trois hectares, sert à la culture du maïs, intercalé à la culture du manioc, ou/et niébé pour faire face à la période de soudure. C'est là que se font les premières récoltes de maïs en fin Août début septembre.

Pour revenir à l'habitation, il faut signaler que le « Bummba » est généralement régulé par la grand – mère paternelle ou maternelle, ou bien, par la première épouse du vieux. Toutes les autres femmes ont leurs lits accolés les uns aux autres dans cette grande case commune. Aussi, c'est dans cette case que se trouve le canari, souvent non couvert, où toute la famille boit par une calebassette ou, aujourd'hui, un pot en plastique ou en aluminium. La case a un ameublement très rustique, simple, ne comprenant que de lits en lattes de bambou et sur lesquels sont étalés des nattes.

• **Gorol Kunnjenngaabé** ou le quartier de la famille de Kunjé (Koundié), un fils d'Abiibu, il est à l'ouest du village et c'est le dernier à se constituer, très proche du marigot. Comme le gorol foulbé, sa démographie est de l'ordre de 150 à 250…

**Kunjé,** était un bel homme de grande taille, avec une belle corpulence : un vrai athlète cependant, il était violent et coléreux, pas facile à vivre.

C'est pourquoi, ses frères germains, l'ont intelligemment éloigné de la grande famille pour éviter des disputes et dissensions fratricides en ample finir. Et affaiblir le pouvoir de la famille… A la fin de sa vie, il trainera une longue maladie mentale, qui finira par l'emporter.

La toponymie du village l'indique bien, c'est le lieu-dit de l'autel de pierre suggérant nettement des pratiques syncrétiques faisant cohabiter des rites animistes avec l'islam. En effet, le fondateur du village, pratiquait déjà la religion musulmane dans son GUIDIMAKA avant de migrer en Haute Casamance, ce qui a facilité l'accueil de la communauté Diankanké, venue du Fouta Djallon. Aujourd'hui encore, animisme et islam cohabitent comme partout en Casamance, où un grand nombre de musulmans continuent à tirer profit de certaines pratiques de l'animisme, la religion traditionnelle

### 3- Les successeurs de Abiibu Koita

Depuis toujours, en Afrique, au Sénégal, le village relève du droit coutumier traditionnel, incarné par son chef. Il existe différents genres de chefs et de chefferies. A Dialambéré, comme partout au Fouladou, la chefferie s'est transmise de manière traditionnelle : après Abiibou KOITA, père fondateur du village, ses enfants et ses petits enfants se sont succédés, selon le droit d'ainesse. Bien entendu, avec les mutations actuelles, les choses pourraient changer avec le temps et les intérêts de la communauté du village du moment.

De 1869 à nos jours, la chefferie du village est assurée par la famille KOITA, sans discontinuer. Voici succinctement les différents chefs de village que Dialambéré a connu:

• **Yaassa KOITA**, fils ainé d'Abiibu, de 1894- 1934 (40 ans). Yassa, fils succéda à son père à la mort de celui-ci. De taille moyenne, il était avisé et un bon visionnaire qui a su réorganiser le village en quartiers avec de ruelles orthogonales, salubres… et il ordonnait d'aligner les concessions le long des rues. Il était le bras droit du chef de Canton d'alors Abdoul Diallo qui lui conviait à toutes choses concernant la vie du Canton du Patim Thibo. Il a su renforcer le leadership cantonal de Dialambéré, devenant un village incontournable dans les décisions et batailles politiques du département et de la région de Kolda…

• **Demmba Mawudo KOITA**, fils d'Abiibu de 1934-1962 (28 ans). A la mort de son grand frère Yassa, il prit la succession de celui-ci, à l'unanimité de la population villageoise. De taille moyenne, mince et svelte, il était un homme pondéré et très calme. Il ne prenait jamais une décision sans organiser une large concertation avec ses frères. Il jouissait d'un grand respect par tous les habitants du village.

• **Sammba-you KOITA**, fils de Yaassa, de 1962-1974 (12 ans) fils de You Konté (sa mère), fut le premier chef parmi les petits enfants de Habibuu. Avant d'accéder à ce poste, il fut un grand chasseur, émérite, dont un des grands exploits de jadis, était d'avoir piégé et abattu une lionne qui faisait des ravages au niveau du troupeau familial. Il était très versé dans les connaissances ésotériques.

Son règne a coïncidé avec l'avènement de l'indépendance du pays. De ce fait, diriger un village à cette période était une sinécure, ne sachant pas trop comment s'y prendre avec la nouvelle administration. Il était très autoritaire, décisionnaire, mais bien respecté par ses petits frères qui le soutenaient et les autres couches de la population de Dialambéré constituées par la grande famille Koita et d'autres groupes familiaux. Il avait la phobie des porteurs de tenue (gouverneurs, préfets, sous-préfets, gendarmes, etc.). L'annonce de la venue d'un administratif le mettait hors de lui. Il en transpirait à grandes gouttelettes. Son fils aîné avait trouvé la solution à ce problème : il faisait en sorte que son père ne sorte pas ce jour-là de chez lui lorsque le village s'apprêtait à accueillir un préfet ou gouverneur.

• **Demmba-you KOITA**, fils de Yaassa de 1974 à 1981 (7 ans). Demba-You Koita succéda à son grand frère Samba-You, conformément à l'ordre établi par la tradition de succession à Dialambéré. Il était également un grand chasseur, mais n'avait pas l'envergure de son grand frère dans ce domaine. Il était un grand guérisseur, spécialisé dans le traitement des femmes ayant des problèmes de fertilité et de fécondité. Son règne se heurta aux mutations dans l'évolution des jeunes, qui se sentaient de plus en plus insoumis aux injonctions des anciens. Il avait souvent des conflits existentiels à gérer. Il était adepte des sanctions corporelles lorsqu'il les jugeait adéquates. Il était un chef généreux mais soumis à l'influence néfaste d'un de ses fils aînés. Ce qui compliqua son magistère.

• **EL Hadji Thiammy KOITA**, fils de Yaassa, de 1981 à 1984 (2 ans 3 mois) : Elhadj Thiammy Koita, fils de Pokka Mballo, prit le relai de Demba-You et régna que pendant deux (2) ans et trois (3) mois. Durant ce bref règne, il afficha une vision claire et très importante.

Celle-ci consista à privilégier le dialogue et les concertations pour mieux asseoir une paix et une concorde durable entre les populations du village. Auparavant il jouissait d'une bonne réputation et du respect auprès des populations du village. Cette posture faisait de lui un conseiller et un appui pour ses grands frères chefs de village lorsque ceux-ci avaient quelques difficultés à faire régner l'ordre et la discipline. Il a été le premier à effectuer, dans la famille, le pèlerinage à la Mecque et par bateau, le voyage a duré 3 mois aller et retour.

- **Madigagne KOITA**, fils de Demmba Mawudo, de 1984 à 1998 (14 ans) **:** Madigagne Koita fut intronisé chef de village à la mort de Elhadj Thammy Koita. Ayant un foyer modeste, avec des enfants à bas âge, il s'appuya intelligemment sur les enfants de ses frères qui le vouaient un grand respect. Son règne coïncida avec le début d'intervention des ONG pour appuyer le développement de Dialambéré, notamment ADF de Mme Wendy Wilson. C'est sous son règne que Dialambéré a construit sa grande mosquée, inaugurée avec des hôtes religieux de marque, des administrateurs et des politiques de tous bords. Il fut un chef intègre et charismatique. Son principal problème était ses sautes d'humeur, s'emportant un peu trop vite, ce qui amusait ses petits-fils. Au-delà de ses coups de colère passagère, c'était un homme austère, pieux et sans rancœurs à l'égard de qui que ce soit.

- **Nduguu KOITA,** fils de Yaassa, de 1998 à 2005 (7 ans): Moussa N'Doungou Koita devint chef du village à la mort de Madigagne. Sur la continuité de ses grands frères qui l'ont précédé à la chefferie, il eut des difficultés à faire l'unanimité auprès de la population par ses prises de décisions unilatérales souvent controversées. C'était un homme courageux, certes, mais n'avait pas des moyens matériels minimums inhérents au fonctionnement d'une chefferie de village. Ce qui fait qu'il était un peu versé dans la concussion et des compromissions désavantageuses pour le village. Tout compte fait, on peut retenir qu'il a représenté dignement son village auprès de ses pairs durant son règne.

° Mamadiamé **KOITA**, fils de Demmbayou de 2005 à 2020 (15 ans): Mama Diamé Koita fut le premier des arrières petits fils Habibou à être nommé chef du village. C'était un homme de paix et intègre. C'est sous magistère que Dialambéré fut érigé en chef- lieu de communauté rurale puis de commune. Il paya par contrainte physique les péripéties politiques de l'année 2012, avec lesquelles il n'avait, personnellement, rien à voir. Il accepta ce sacrifice avec dignité pour l'honneur et la sauvegarde de Dialambéré. Il fut un des chefs de village de Dialambéré parmi les plus modestes et humbles.

° **El hadji Paathe KOITA**, fils Yayo et de Thiammy depuis février 2020., un grand producteur agricole. Marchand ambulant durant sa fine jeunesse, il est en ce moment stoppé dans cette activité par une méchante maladie des yeux heureusement traité avec l'aide d'un de ses fils avant de retomber d'un mal des pieds. Malgré ce handicap, il est en service aidé par ses frères.

# III
# Tabayel devenu Tabayi

Le petit taba (*Cola cordifolia*) où avait campé Abiibu, est devenu grand. Aujourd'hui, haut de ses cinquante mètres, il se dresse majestueusement auréolé de mystère, comme pour répondre à la vision prémonitoire du patriarche, au milieu du village où convergent les gori et les quartiers. Il est le témoin, depuis plus de cent cinquante ans, du passage de nombreuses générations jouissant tour à tour, comme Abiibu Koita au moment de la fondation, de son rafraichissant ombrage quasi-permanent.

La place du taba, constamment entretenue par les riverains, est le cœur du village dont la pulsation indique le rythme de vie puisqu'elle est le réceptacle de toutes les manifestations notamment celles des cérémonies de circoncision. On regroupe sous cet arbre les candidats à l'initiation c'est-à-dire tous les enfants qui doivent entrer ou sortir du bois sacré (koyang) s'y retrouvent, c'est précisément le lieu de séparation et de récupération des néophytes, de l'entame et de la clôture du rituel. On y organise des rencontres coutumières, des cérémonies religieuses, funéraires, des réunions, des réceptions, des meetings politiques et autres regroupements populaires.

C'est ici que de grands lutteurs et de célèbres artistes se sont produits. En effet, en ce lieu, de mémorables fêtes et de combats de lutte ont valu au village le surnom de Dialambéré Jeenga Uumma" (Dialambéré des nuits chaudes). En effet depuis plus d'un siècle, cet espace a été le théâtre de rencontres de toute nature. Comme, par exemple, de grands combats de lutte. Les chroniques locales se souviennent de certains champions comme Abdoulaye Seyni Koita Alias Bargal, Djidéré Diao « Jinné Malou », Mama Diafouno « Kalawal », Samba Kima Sabaly « Labé O », Bailo Mballo « Garry », ... Ils ont affronté de redoutables combattants venant du Mamboua, Korassé, Fassania, Mamacounda, Diaguina, Pathiana, Jimara... Je me rappelle de Tening Nialadé Baldé » Lommbu » de Saré Sobbé, Madia Diao, Laly Kandé et Hammady Kandé de Kodienguina, Dembo Kanté « Kourrier » de Koulécounda, Bobo Diamanka de Saré Djénoum, de Maly Djibando, Gagna ladée Seydi et Toumany Seydi de Thiarra, Mamoudou Baldé « Djéégo » de Saré Samba Lobbé, Baya Camara, Diouldé Bayerri Camara de Diankoucounda, Seyni « Koboye » de Saré Sadio, Lama de Saré Sonia, Papa Kondjira de Tabassaye, Samba Thioucayel Mballo de Saré Téning, Koufadji Mballo de Saré Djénoum et Mouttarou Baldé « Ouldada,Gorel Baldé de Niandindiya, Malang Diankhoyel Baldé de Saré Abdoulaye, de Guilé Baldé de Mampatim, de Yéro Boulel Diao di « 100kg » de Marimé dans le Mamacounda, Abdoul Baldé dit « Tampong » de Massara dans le Mamboua.

D'autres lutteurs venaient de la région de Gaabu en Guinée Bissau. Kouta Nfally Baldé de Kossara et Cellou Djimkorré Diao de Bafata étaient de ceux-là. En quête de gloire, ils séjournaient souvent à Dialambéré.

Selon le témoignage du Vieux Yassa Kanté, en octobre 1954, eut lieu, lors des festivités de sortie des initiés, un combat mémorable entre Abdoulaye Bargal champion de Dialambéré et

Dembo Kanté de Koulécouda. Le combat débuta vers les coups de quatre heures du matin et se déroula en deux phases. Durant la première, Abdoulaye Bargal, eut raison de son adversaire en quelques minutes après un jeu de jambes suivi d'une prise par derrière. La deuxième s'est déroulée de manière tout aussi rapide que la première mais en faveur, cette fois, de Dembo Kanté de Koulécounda. Il avait en un éclair réussi à mettre sa main sur le dos de Bargal déséquilibré et qu'il souleva jusqu'à hauteur d'épaules avant de le projeter à terre devant l'assistance médusée. C'est ce jour, que tous les deux décidèrent de prendre leur retraite mettant ainsi fin à leurs brillantes carrières sportives.

Pour sa part, Moussa Mballo de Dialambéré se fait l'écho du combat de la Tabaski de 1975 qui se déroula sous le Grand Tabayi opposant Bailo Mballo de Dialambéré du Patim Thibo à Lama Baldé dit « Fass » de Saré Sonia du Mamboua. Ce jour-là, très tôt dans l'après-midi, les gens, grands amateurs de lutte, commencèrent à affluer des villages et des hameaux les plus éloignés pour rallier Dialambéré à pieds, à vélo, en charrette, accompagnés de leur troupe de tam-tams, de violons et de tamas. Déjà dans la matinée, le village était animé et l'ambiance était à son comble en début d'après-midi. En attendant le grand combat, les griots rivalisaient d'ardeur, chacun dans son registre. Tam-tams et tamas cherchaient à galvaniser les groupes de jeunes filles venues de Dialambéré, des villages alentour et du Mamboua. Après les prestations des filles, ce furent les petits combats. C'est entre une heure et cinq heures du matin, devant une foule surexcitée de supporters des deux camps que les combattants s'affrontèrent dans un corps à corps fait de crocs en jambes, de prises et de feintes diverses, bref, ils sortirent toute la panoplie de leur technique de lutte en faisant preuve de grande agilité. Malgré la défaite de l'enfant de Dialambéré par deux chutes à **3.**

Le Petit Taba a vu évoluer des batteurs de tam-tam de haute facture comme Soukkel Jobbé Gano Dooli O de Saré Sobbé de Maoundé Coumbel Baldé, Botary Diao de Kandiator, Diba Baldé, de Dialambéré, Tchicam Baldé de Thiaféna tous issus du Patim Thibo et Yacca Baldé de Bagadadji dans le Mamboua. Leurs talents ont rythmé avec leurs instruments des nuits entières la vie du village dont l'épicentre demeurait immanquablement le Tabayi.

Dialambéré Jennga Uuma, c'était aussi des voix inoubliables des chanteurs, des jali sensa, celles de Bakary Limaname Boiro de Kandiator, Aly Seydi de Thiara, Tapa Diao de Saré Samba Lobbé, Malang Baldé Tankal de Kodienguina, Talla Boula Sabaly de Coumambouré Maoundé, Demba Sandji Koita de Dialambéré.

Les femmes aussi avaient leurs vedettes à l'instar de Sirayel Diao de Dialambéré, de Dioguel Seydi de Kandiator, dans le Patim Thibo, Ramata Baldé de Dianabo dans le Fataworo et Racky Diallo de Faraba dans le Kamako. Elles ont fait tressauter au son des calebasses et aux timbres mélodieux de leurs voix, des heures durant, des femmes de tous âges sous le feuillage touffu du Tabayi qui abritait aussi les évolutions des jali nianiérou, les griots maitres du violon, comme Yacca Baldé, Doutal Kandé de Dialambéré, Kanta Boiro de Biya, de Hady Tréfal de Saré Ndombé en Gambie et Mango Kandé de Bafata. Ces virtuoses ont fasciné plus d'une génération, bercé par leurs mélodies et leur lyrisme plus d'une génération. Toujours sous l'ombre tutélaire du Tabayi.

# IV

# Thiammy Koita, mon père : un self-made man

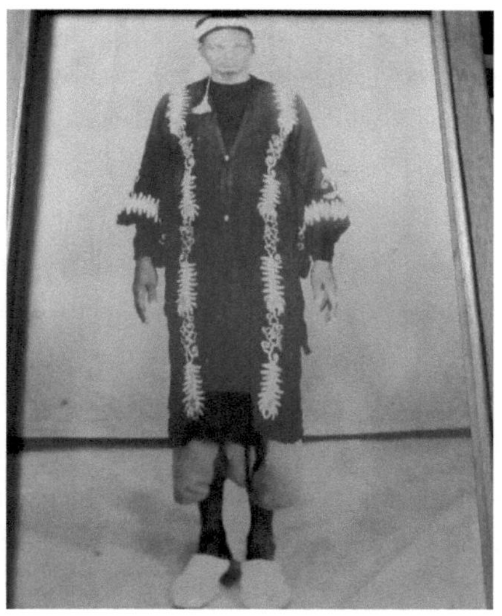

Thiammy KOITA, septième fils de Yassa et deuxième de Pokka Mballo, naît vers 1903 à Dialambéré après Samba-You, Demba You, Mooro-Biry, Siranding-Pooka, Inayel-Biry et Yéro Bouly. Il décède le 30 janvier 1984 à Ziguinchor suite à une longue maladie. C'était un grand homme bien bâti au teint noir foncé, mesurant environ 1,85m et au commerce facile notamment avec les jeunes, les femmes et les handicapés. Il accueillait souvent des étrangers.

Il eut quatre épouses dont les trois premières lui donnèrent huit enfants et il adopta les deux filles, Bassy et Sambaghor, de sa quatrième épouse venue de Gambie.

Mon père a été précocement entreprenant. Avec son petit frère Alpha, il cultivait des céréales notamment du sorgho, du petit mil, du fonio pour subvenir aux besoins de la famille toute l'année. Il produisait également de grandes quantités d'arachide et de coton pour répondre aux autres nécessités : santé, habillement, événements sociaux et dépenses somptuaires (cérémonies religieuses, coutumières, baptêmes, décès, aides aux personnes démunies, mariages…), impôts annuels, achats de matériels de culture et d'animaux de traits (bœufs, chevaux, ânes). Pour la mise en valeur de ses vastes exploitations, il embauchait chaque saison, des ouvriers saisonniers venant de la Guinée Bissau.

Durant la saison sèche, il devenait aussi, tour à tour, marchand ambulant, tailleur, brodeur à Thiara, village voisin de Dialambéré et carrefour commercial de l'époque coloniale. Pour son activité de tailleur-brodeur, il avait installé sa machine au niveau de la véranda d'un commerçant dénommé Djidé Koma, un de ses amis venus du Pakao (région de Sédhiou). Son installation sommaire était constituée de crintings qui lui servaient à se protéger du soleil et à exposer les pièces cousues en les accrochant.

Il était amené pour ses activités commerciales à traverser les frontières du pays pour aller en Guinée Bissau, au Boundou et au Niani, dans le Sénégal Oriental, quelques fois en Gambie afin d'acheter un peu de tout : tabac, biscuits, cosmétiques, cire et autres tissus pour les revendre dans les autres villages. Pour cela, il se déplaçait à pieds et/ou à vélo. Il sillonnait toute la sous-région jusqu'en Côte d'Ivoire en passant par la Guinée Conakry en compagnie de ses collègues commerçants dioulas, Diakanké et Peul fouta, avec qui, il faisait, à pieds le trajet Dialambéré-Tambacounda, puis par le train le trajet Tamba-Bouaké, en Côte d'Ivoire, en passant par Bamako. Après plusieurs voyages, le commerce, rentable et florissant s'écroula, car survint un malheur au cours d'un retour de voyage, entre Bouaké et Bamako, le wagon où étaient stockés les paniers de colas prit feu et la quasi-totalité des marchandises fut brulée. Et puisqu'à l'époque les marchandises n'étaient pas assurées, mon père perdit tout, le mettant ainsi à nu.

Après cette malheureuse épreuve, il n'a pas abandonné ; au contraire, il s'est juste réadapté, reconverti, en se lançant sur la vente du bétail qu'il acheminait à Ziguinchor, capitale de la Casamance naturelle. Pour réaliser ces opérations, il eut souvent à recruter une main d'œuvre temporaire constituée de jeunes bergers peuls, originaires de la région du Fouta Djallon de la République de Guinée Conakry, des bergers navétanes qui venaient chercher du travail saisonnier au Sénégal…De Dialambéré, à pieds, les bœufs qu'il achetait dans différents villages, étaient acheminés sur Ziguinchor. Cette pratique nécessitait plusieurs jours de marche et comportait beaucoup de risques tout au long d'un trajet de 200km… et pour sécuriser ses bœufs, mon grand frère Abdoulaye était toujours de la partie du voyage jusqu'à Ziguinchor.

Ambitieux, il se mit dans le demi-gros, collaborant avec les grands commerçants Séckou Badio et Bafodé Sylla de Kolda.

Comme je l'ai évoqué plus haut, durant toute sa vie, mon père Thiammy Pokka[1]a su recevoir des étrangers qu'il savait honorer, notamment les personnalités administratives, politiques et religieuses de passage à Dialambéré En 1980, lors du décès de son fils Ibrahima, enseignant, il eut à offrir un très gros bélier à feu Ousmane Seydi, député maire de Vélingara, à l'époque, pour l'honorer de sa présence à Dialambéré, venu lui présenter ses condoléances. Après le départ de cet honorable député, grande figure politique de Vélingara, mon père était tout joyeux de son geste, malgré le deuil qui le frappait.

Fervent musulman de la confrérie Tidjania, il a pu préparer le pèlerinage à partir de la vente de ses bœufs. Ensuite il a réuni la totalité de l'argent pour supporter les frais afférents à ce voyage à la Mecque pour accomplir un des cinq piliers de l'Islam ; c'était en 1963. Le voyage s'est fait par bateau, et a duré trois (3) mois.

Sa vie durant, il a manifesté une grande solidarité vis-à-vis des siens. C'est ainsi qu'à l'issue d'un voyage il a pu sortir le village d'une situation très délicate. Au temps de la splendeur de son commerce international, un jour, au retour d'un voyage, il trouva son père Yassa dans une grande tristesse, une inquiétude profonde. *« Que se passe-t-il, papa, pour être si triste, inquiet ? demanda mon père ».*

*« Oh mon fils ! Nous sommes dans une situation complexe. C'est demain, le dernier délai que le chef de canton, représentant du pouvoir colonial, va passer pour récupérer l'impôt « lempou saaré » (les taxes fiscales annuelles) du village, mon village Dialambéré...Or, actuellement nous n'avons rien, car les récoltes ne sont pas bonnes, la traite est mauvaise cette année...l'impôt de Dialambéré doit être réuni, rassemblé avant l'aube...sinon, impossible de supporter les « qu'en dira-t-on » ! J'ai sommé tous les chefs de ménages au risque d'être chassé du village... »*

Comme pour laver l'honneur familial, mon père sortit tout le bénéfice qu'il avait engrangé au cours de son long périple commercial et paya l'impôt de Dialambéré. Ce jour-là, il reçut toutes sortes de bénédictions pour avoir sauvé son père et ses autres frères du déshonneur qui se profilait pour la famille et la communauté villageoise. Cette anecdote illustre, à suffisance, la générosité du personnage.

Thiammy Koita était tellement sensible au sort des personnes vulnérables (jeunes, femmes victimes des violences et handicapés) qu'il lui arrivait rarement de déjeuner seul sans faire appel

[1] -Cette dénomination s'inscrit dans la droite ligne de tradition matrilinéaire où au prénom de l'enfant on adjoignait celui de la mère

à quelqu'un même ceux qui passait là par hasard. Il s'asseyait sous l'arbre à palabres situé au carrefour où convergeaient toutes les ruelles du village. Il a inculqué à tous ses fils et filles le culte du travail bien fait adossé aux vertus de *tidnaare* (le sens de l'effort, du don de soi) et de *kersa*. Cela leur a permis de vivre en totale harmonie entre frères malgré les rivalités inhérentes aux ménages polygames, terreaux par excellence de haines et disputes entre les membres d'une même famille. Il a réussi à bâtir une réelle cohésion sociale, une solidarité entre tous les membres de sa grande famille. C'est le fondement une famille forte et respectée et quelque fois enviée. L'illustre disparu a été décrit comme altruiste, humaniste dans l'âme.

# V

# Kadidia Baldeh, ma mère : une femme généreuse et travailleuse

Kadidia était issue de la lignée de Moussa Molo du côté de sa mère. Fille de Thiernoo et Fenda Gourdio Balde, elle serait née vers 1917 à Saré Diaobé, en Gambie. Pour l'histoire, le Roi du Fouladou, Moussa Molo avait donné en mariage sa fille Fenda Gourdio à Thierno Nianthio, aîné de son ami Nianthio. Fenda Gourdio perdit la vie en donnant la vie à sa fille Kadidia dont le premier cri coincida avec le dernier souffle de sa mère, elle fut donc orpheline dès sa naissance. Dès le berceau, constitué d'un panier tissé, le bébé a été récupéré, par la griotte de la famille, Kadidia bambadoo. Celle-ci s'occupa des premiers soins jusqu'au sevrage de la petite orpheline aidée en cela par l'ensemble de la famille Baldé, aussi bien celle de Saré Diaobé, village frontalier gambien que celle de Kersercounda village, retraite de Moussa Molo où elle a séjourné quelques années sous la protection de Moussa lui-même.

Ces faits nous ont été rapportés aussi bien par Dienaba Baldé fille de Moussa Molo, mère de Dicory Diop, homme politique, plusieurs fois élu, adjoint au Maire de Kolda dans les années 70 – 90, que par Alpha Koutayel Baldé, petit-fils de Moussa Molo, aujourd'hui âgé au moins de 103 ans, avant de revenir à Saré Diaobé, village de son père.

Selon Diénaba Baldé, à l'adolescence, l'orpheline Kadidia, a été recueillie par la sœur de Thierno Nianthio, Biry Maodo pour l'amener avec elle à Dialambéré au Sénégal. Mooro, fils aîné de Biry Maodo, qui considérait Kadidia, comme sa sœur, donna celle-ci en mariage à son demi- frère Thiammy. De ce mariage sont nés : Amadou, Abdoulaye, Baba, Ismaila dit Illa et Fatou Goulelle.

Kadidia Baldeh était de taille moyenne, svelte, très adroite et comme presque toutes les femmes peules de la zone à l'époque, elle a fait le tatouage des lèvres et les gencives à l'indigo. Elle avait percé ses oreilles et y avait inséré des boucles d'oreilles en or imposantes et torsadées. Elle était partout présente à tous évènements heureux comme ou malheureux comme baptêmes et décès dans le village ou les autres villages environnements seule ou en compagnie toujours à pieds. Elle marchait vite sur les ruelles, pour aller soit aux rizières soit au champ.

Je me la rappelle comme une femme généreuse et travailleuse que j'aimais taquiner. En effet en juillet 1965, pendant les grandes vacances, à notre retour au village ma mère Kadidia m'a dit d'un ton sérieux. « Mon fils je te demande de ne pas rester dehors au-delà de minuit parce que il y a le vieux Sabaly, qu'on accuse d'être sorcier qui habite l'autre quartier. IL parait qu'il se transforme en cheval à partir de minuit jusqu'à cinq heures du matin en gambadant dans les rues principales du village à la recherche d'une personne à tuer pour payer une dette qu'il doit à d'autres sorciers de la zone. C'est pourquoi depuis un certain temps, tu n'entendras pas un seul coup de pilon venant des concessions avant 6 heures » Or il se trouve que le vieux incriminé, était un ami à mon père, qui avait l'habitude de partager soit le bol de bouillie soit la noix de colas, presque tous les matins pour s'enquérir de la santé de son ami. Donc ce matin-là, le vieux Sabaly se présenta à l'heure et mon père appela ma mère pour qu'elle amena la bouillie et le lait caillé pour le petit déjeuner. J'en ai profité pour le saluer. Après les salutations je lui ai posé la question à savoir « *est ce que c'est vrai que s'est lui qui se transforme les nuits en cheval pour chercher à tuer des personnes ?* » Il m'a répondu en posant la question qui pouvait rapporter de tels propos ? J'ai répondu que c'était ma mère Kadidia ici présente. Celle-ci m'avait traité de tous les noms d'oiseaux ce qui avait égaillé toute l'assistance » Depuis lors ma chère mère se méfiait de me dire des informations aussi légères.

Elle s'était toujours évertuée à réunir toute la famille. En effet, elle a parcouru à pieds plusieurs kilomètres à travers des forets bravant ainsi l'insécurité transfrontalière, qui sévissait à l'époque, à nos frontières à cause de la guerre de libération du PAIGC, quelques fois en charrette ou véhicule ou en pirogue à la recherche de ses parents en Guinée Bissau, à Caheu pour la famille Malang Seydi Baldé, Iman de la grande Mosquée de cette Ile en 1962 ou bien pour son demi-frère Moudou Baldé à Hamdallaye en 1965. Tous ont retrouvé grâce à elle les leurs à Dabo, à Dialambéré au Sénégal et à Saré Diaobé en Gambie.

Kadidia était une grande agricultrice travaillant à la fois sur trois ou quatre rizières pendant l'hivernage. Elle se reposait rarement pendant le jour. Toujours, occupée à quelque tâche. Durant les récoltes, elle ramenait des charrettes remplies de riz paddy qu'elle rangeait dans ses greniers. Très souvent, elle en déstockait des quantités pour secourir à des nécessiteux ou des proches parents.

Mère Kadiddia Baldeh décède le 19 Mars 2002 à Sinthiang Dialambéré appelé aujourd'hui Sinthiang Thierno Amadou.

# VI

# Le Royaume d'enfance

Je naquis et vécu ma prime enfance à Dialambéré. Comme tous les enfants de mon âge, mes occupations épousaient celles dévolues à ma classe d'âge. A chaque étape correspondait une activité précise.

Aussi longtemps que je me souviens, je me vois aller tous les soirs au troupeau afin d'attacher les veaux avant de traire les vaches dont le lait servait à assaisonner le couscous du soir, nous nous en délections avec gourmandise en compagnie de mon père.

Le matin, après avoir consommé la bouillie de mil mélangée à du lait caillé, je m'occupais des petits ruminants, chèvres et moutons : on les abreuvait et les menait au pâturage selon la saison. En effet, mes camarades et moi, ceux de ma classe d'âge (yirde), durant la saison des pluies, nous sortions, par petits groupes, des différentes concessions, les bras chargés de cordes au bout desquelles était attaché un bambou au bout pointu qui servait de piquet empêchant l'animal de divaguer en le fixant à un endroit où il pouvait paitre.

Vers midi, nous acheminions le repas de ceux qui travaillaient, déjà tôt le matin, dans les champs. En compagnie de ma mère ou d'une de mes tantes, nous portions les bols et les calebasses remplis de nourriture.

Au champ, je m'asseyais sur un mirador afin de chasser les prédateurs notamment les oiseaux ou les singes.

Le soir, après un copieux diner, sous le clair de lune, ma classe d'âge, yirde, se retrouvait quelque part pour des séances de lutte. C'est le bomboli qui donnait le signal de départ de la rencontre. Ce tronc d'arbre évidé servant de tam-tam égaillait nos soirées : nous nous défions en dansant au rythme de ce tambour sommaire mais plein de ressources sonores.

Cette période insouciante de mon enfance est celle d'un paradis perdu qui prit fin en 1957 pendant l'hivernage où un groupe d'une cinquantaine de solimaa, d'incirconcis fut conduit au koyang pour y subir l'épreuve tant redoutée de la circoncision. Ce fut un changement de monde, le passage d'un monde d'insouciance et d'innocence à un autre ordonné autour de droits et de devoirs. Le koyang, bois sacré, est le lieu où se déroule l'initiation. Il se trouve à quelques encablures du village dans la forêt. Un grand arbre abritait la hutte de la future retraite.

Nous y étions convoyés en file indienne les têtes rasées et baissées, le pagne noué à hauteur de poitrine. A l'arrivée, la cohorte des candidats à l'initiation était mise à genoux en attendant l'instant fatidique où le maitre de cérémonie, le ngamang, devait procéder à l'opération : l'ablation du prépuce. Bakary Touré de koulécounda en était l'officiant principal : il était le maitre du couteau, donc le maitre de cérémonie, on lui prêtait d'étranges pouvoirs qu'il avait hérités, comme du reste son couteau, de son père, grand forgeron de la zone. N'était pas ngamang qui voulait ! Le « circonciseur » était un personnage craint à qui on attribuait des connaissances ésotériques et dont on disait qu'il possédait un couteau aux caractéristiques singulières : on en ignorait la couleur et la longueur mais il serait d'un tranchant de scalpel permettant au ngamang de circoncire plus d'une cinquantaine de néophyte en un laps de temps. En effet, en un tour de main, le sang giclait tachant simultanément et mystérieusement tous nos pagnes

Dès cet instant, nous étions reclus dans l'espace sacré constitué du grand arbre protecteur et de la hutte où on n'entre et ne sort pas comme on veut : c'était une retraite absolue de près de trois mois. Nous étions sous la garde d'un vieux assisté par des adultes « selbés » qui étaient inflexibles ne tolérant aucun écart, aucune erreur. Toute faute était collectivement sanctionnée. En général, la sanction consistait en une sorte de bizutage appelé « wusundéré » où chaque néophyte s'armait d'un fouet flexible. Ensuite, les initiés formaient deux rangées, et chacun, à tour de rôle, passait entre les rangées en prenant les coups jusqu'à la sortie, puis on se remettait sur la rangée avec sa chicote pour bien frapper les suivants. Et ainsi de suite, indéfiniment.

Dans notre nouvelle « maison », tous les récipients contenant les repas destinés aux circoncis et portés par les surveillants sont exposés, une baguette plantée au milieu du repas afin de conjurer les maléfices et le mauvais sort. Tout était partagé collectivement : on mangeait en groupe autour des calebasses remplies de riz ou de couscous, les yeux baissés et l'index gauche tenant le récipient. Aucun grain ne devrait choir car un seul petit morceau à terre engendrait une sanction consistant à avaler deux ou trois boules de terre en plus des coups de fouet sur le dos nu. Par ce biais, on cherchait à nous inculquer le respect de la nourriture et la sacralité du moment.

Durant ce séjour, on s'adonnait à diverses activités : rituels de purification, formation du caractère, apprentissage des codes sociaux appelé « passing », chansons, jeux. Tout cela concourrait à nous inculquer les bases d'une bonne conduite, un comportement irréprochable, la connaissance des us et coutumes régissant la vie des adultes en communauté.

Au bout de trois mois d'une longue et interminable retraite, nous prenions notre premier bain, le bain purificateur qui se faisait au marigot. Ce bain aurait le pouvoir d'éliminer chez le nouvel initié toute souillure, toute impureté.

Lors de cette séance de lavage, on sortait un masque, le Kangourang en chef Sakou le « **Fabonding** » qui usait de ses pouvoirs surnaturels pour protéger les circoncis et menacer tous les esprits malintentionnés. Il aurait le pouvoir de voler d'une concession à une autre, d'un arbre à un autre, marchant sur les toits coniques des cases, émettant des cris stridents. Il dominait tout le monde, ses cris et le frottement de ses machettes faisaient peur.

Le lendemain du jour du grand bain, le matin de bonheur, nous revêtions des habits tout neufs avant de nous remettre à nos familles dans une allégresse générale. C'était de réjouissances, le début d'un grand kafu, d'une grande fête.

En 1979. Assis au premier rang de droite à gauche : Omar Mballo, Baba KOITA et Djidéré Baldé
Debout au second rang de droite à gauche : Aliou DIAO, Samba Kandé et Ousmane KOITA

# VII

# Sur le chemin de l'école française:

Après ma circoncision à l'âge de 7-8 ans, mon père m'appela un vendredi, après la prière de 14 heures, assis sur sa longue chaise pliant à la véranda de sa chambre en début du mois d'octobre 1957, il m'informa qu'il allait m'inscrire à l'école française de Dabo dans les jours à venir.

A cause de ses multiples voyages et son contact quasi permanent avec l'étranger, il a compris qu'éduquer un enfant en l'amenant à l'école française ou coranique, c'est préparer son avenir. Il savait que les systèmes d'éducation traditionnelle qui prévalaient dans nos sociétés d'antan ont commencé à disparaître ou ne jouent plus le rôle d'éducation aux valeurs. Donc, il avait acquis une expérience de vie qui lui permettait d'entrevoir le monde de demain, étant parmi les rares chefs de famille, à l'époque, à inscrire volontairement tous ses enfants, soit au daara (école coranique), soit à l'école française, lieux de savoirs, par excellence, - où on pratiquait de l'apprentissage.

C'est ainsi qu'il a inscrit son fils aîné, Pathé, à l'école coranique (daara) des Diakhanké de Témento Djidé, village situé au sud-est de Dialambéré, un foyer religieux important dans la zone, tandis que le deuxième, Ibrahima, sera conduit à l'école française, perçue à l'époque, malgré tout, comme source de lumière. Le troisième garçon, Amadou sera, lui aussi, inscrit auprès d'un maître coranique Peul Fouta (Djallon) à Bouborel, dans le canton du Niampayo, un autre foyer religieux situé au sud-ouest de Dialambéré. Quant à Abdoulaye, quatrième fils, il est conduit à l'école française, mais très tôt « décroché », déscolarisé pour s'occuper du troupeau et des champs, compte tenu de son courage avéré pour ces tâches. Baba suivra la règle, comme « une roue de secours » pour se voir amener à l'école française, puis c'est au tour d'Ismaila Sadou dit Illa d'aller auprès d'un maître coranique peul du Gabuu à Guiroyel. Enfin, avec l'avènement de l'école publique à Dialambéré, à partir de 1967-1968 Fatou et Bothié y furent inscrits. Mais Fatoumata abandonnera très tôt l'école pour cause de maladie.

Pourquoi ces choix alternatifs ? Et Pourquoi ces différents lieux d'apprentissage ? Je ne saurais le dire avec certitude, mais connaissant l'homme, il me semble, étant donné qu'il avait beaucoup voyagé et avait tissé des relations avec tous ces foyers religieux, qu'il ne voulait pas mettre tous « ses œufs » dans le même panier. Ainsi, tous ses fils ont reçu un apprentissage qui - permettra, à chacun, de vivre correctement et dignement.

Le Dimanche d'après, mon oncle Alpha, petit frère de mon père, m'apprit qu'il était chargé de m'accompagner à Dabo, village distant de 8 km de Dialambéré pour m'inscrire à l'école française (en 1957-1958). Cette école était le seul établissement d'enseignement de l'ex-Canton de Patim Thibo, devenu arrondissement de Dabo, à l'indépendance, en 1960.

Très tôt, le matin du lundi suivant, ma mère après m'avoir réveillé, lavé, et habillé d'un complet kaki flambant neuf acheté lors de son dernier séjour à la ville de Kolda par mon père, avec des sandales « plastique ». Mon oncle et moi à pieds et en file indienne sur cette piste cahoteuse, agressés par la fraicheur pluvieuse d'octobre, nous primes le sentier qui menait à Dabo, distant de 8km de Dialambérè en passant par les villages de Sinthian Hogo, Saré Sobé, Témento, pour arriver enfin, aux environs de 7h30mm, à Dabo. Pour la première fois, pétrifié, je voyais autant de jeunes filles et garçons, réunis, en train de jouer, gambader, sauter, sous cette fraicheur matinale, en attendant l'arrivée de « moussé », le maître de la semaine pour siffler l'heure de rentrée en classe des élèves.

L'école, située hors du village, s'étendait sur une superficie d'environ de 5 à 10 ha. C'était un grand bâtiment en banco et recouvert d'une toiture en zinc, le seul du village. Il y avait dans sa cour des manguiers, des flamboyants, et au milieu de celle-ci, se dressait majestueusement un gros arbre appelé Cola *cordyfolia* ou « tabayi » en peul. ».

Le bâtiment comportait une seule salle dans laquelle, il y avait plusieurs niveaux, le maitre travaillait tour à tour avec l'un des groupes. Par exemple, cette année-là était une année de recrutement donc coïncidait avec des niveaux impairs c'est-à-dire les classes de CI, CE1 et CM1. L'année suivante pas de recrutement et ça concernera les niveaux pairs c'est-à-dire le CP, CE2, CM2 ….

A 8 heures, le sifflet du maître retentit pour la levée des couleurs françaises. Et les élèves des classes de CP2 et CE1 se sont mis en file indienne, bras tendus en avant, pour voir monter le drapeau français, en chantant en chœur, l'hymne national français : « la Marseillaise ». Après cette séquence, les uns et les autres se sont dirigés, toujours en rang, vers la classe, pour y entrer un par un.

Monsieur Doudou GAYE, le directeur d'école et le chef d'arrondissement Mori Kéba Ndiaye, nous accueillent, et après les salutations d'usage, nous installent sur les tables-bancs, sans distinction de sexe.

M. Gaye interrogea mon oncle sur mon prénom, mon âge, ma filiation, avant de m'inscrire dans un gros registre : Baba est élève. Après ces formalités qui ont eu lieu devant la classe, le maître me demande de récupérer mon sac d'écolier en cotonnade auprès de l'oncle et d'aller rejoindre les autres enfants déjà inscrits suivants le dernier.

Ainsi, je venais de remplir les formalités pour entrer à l'école française. Je rejoignis les autres camarades qui dépassaient déjà la cinquantaine. Plus tard, la classe comptera quatre-vingt (80) élèves dont une dizaine (10) de filles qui seront toutes déscolarisées, car mariées avant la fin de leurs études primaires pour diverses raisons. Une des raisons par exemple, dans cette contrée du pays, selon la tradition, les filles étaient destinées à aider leurs mamans aux travaux ménagers et se mariées à l'âge de puberté, et après rejoindre le domicile conjugal pour procréer.

Mon premier choc a eu lieu à 12 h quand on m'a remis une gamelle pour me demander d'aller faire le rang et récupérer deux cuillerées de bouillie en semoule comme repas de midi.

Arrivé à la hauteur de la cuisinière-serveuse, j'ai senti une odeur répugnante devant cette femme, tout en sueur et qui souffrait, en plus, d'un mal qui a fini de détruire tout son pied gauche : « l'éléphantiasis ».

A mon retour au village, le soir, je me suis ouvert à mon père, qui m'a cherché, quelques mois plus tard, un tuteur du nom de Mangal Baldé, pour prendre les repas de midi chez lui en famille.

Le deuxième choc, c'est la cravache de Moussé Gaye, notre instituteur, et cet objet qui s'appelait le « symbole ». Le symbole était remis à quiconque qui s'exprime dans l'enceinte de l'école dans une langue autre que le Français. Le fautif était souvent puni par le châtiment corporel si à la fin du cours il n'avait pas trouvé un élève à qui le remettre.

A cette époque, j'étais très chétif et fragile, ce qui fait que le moindre châtiment corporel, entraînait une douleur dans ma chair et dans mes os, et il arrivait même que je perde connaissance. C'est pourquoi, je me demandais par quelle clémence, comment Monsieur GAYE usait pour me faire passer en classe supérieure sans vraiment avoir le niveau.

Tout mon esprit était sur la « cravache » du maitre. Le symbole me dégoutait tellement que je m'isolais des minutes entières durant la récréation pour ne pas échanger ou communiquer avec quelqu'un, de peur de rentrer en classe avec, ce qui valait des punitions corporelles.

Et pourtant en classe de CE1, j'avais tissé des relations amicales avec d'autres élèves habitant d'autres villages comme, par exemple Ibrahima Farba Cissé de Thiara, Oumar Baldé de Nghoky et ceux de Dialambéré tels que Djidéré Poulel Baldé, Thiammy Baldé , Kémo Sabaly et Hamady Diambang, Mamadou Dara, Babou Koita, Abdoulaye Oummouna Sabaly...... malgré l'idée d'abandonner l'école où enseignait Monsieur Gaye me revenait le plus souvent : franchement je voulais quitter l'école, mais, comment ?

# VIII

# A la découverte du monde

**A quelque chose malheur est bon** :

La chance me sourit au moment que je m'attendais le moins. En effet, en cette période, on était en plein travaux champêtres, j'étais toujours réveillé de grand matin pour surveiller les champs ou les vaches contre les prédateurs, après une passée nuit à livrer un combat contre les moustiques sous une vieille moustiquaire de cotonnade trouée de toutes parts. Je ressentais une forte fièvre en plus des boutons au dos et sur les mains. A cette époque, le village était le nid des moustiques. Partout il y avait des flaques d'eau, de l'herbe, et de la boue dans les ruelles sinueuses. Je fus malade pendant une bonne semaine. Ce mal qui me rongeait était en réalité une épidémie de gale, maladie des mains sales, qui sévissait cette année-là dans le Fouladou. Je l'ai attrapée comme la plupart des enfants de ma classe d'âge. La gale ou scabiose (de galla, « galle », ou de scabies, « gale ») est une maladie infectieuse de la peau, causée par un parasite de type acarien microscopique, le sarcopte (Sarcoptes scabiei).

C'est pour soigner ce mal qu'on me mena à Kolda où je logeais chez Demba Koita, jeune frère de mon père, homme politique et fonctionnaire des greffes et parquets.

**La découverte de la ville : l'arrivée à Kolda**

Un dimanche du mois de Septembre 1962, accompagné par un ami et cohabitant Altening Mballo, mon père me mis à califourchon à l'arrière de son vélo, et nous sommes partis pour Kolda distant d'une cinquantaine de kilomètres. Le trajet a été très pénible et a duré toute la journée à cause de plusieurs facteurs.

D'abord, l'état de la piste, en cette période d'hivernage de l'année, il y avait beaucoup de flaques d'eau ensuite mon père, connu de beaucoup de personnes des villages traversés, s'arrêtait souvent pour échanger, saluer et/ou prendre des nouvelles des uns et des autres et pour s'enquérir du cours de l'hivernage, de la soudure dans le canton Mambouwa et dans le Kamako…

Nous arrivâmes à Kolda le soir. Malgré mon mal, je fus ébloui de voir des routes goudronnées, des maisons carrées ou rectangulaires recouvertes de zinc, une foule impressionnante de personnes qui marchaient en bordure de route, des camions chargés devant des boutiques pleines de marchandises et de petites voitures qui circulaient en pleine ville.

Nous passâmes devant une grande bâtisse blanche où était accrochée une cloche, avec une statue, et plus tard, on m'apprendra que c'est l'église où priaient les catholiques. Après cet édifice géant, nous traversâmes le pont en rôniers Maclaud qui enjambait le fleuve Casamance avant d'arriver à la maison de mon oncle. Un beau bâtiment, recouvert de tuiles, implanté au milieu d'une vaste cour, en bordure d'un canal servant à évacuer les eaux pluviales et usées de la ville. Nous trouvâmes l'oncle avec qui, mon papa et son ami, échangèrent les salutations d'usage en poular. Mon père lui exposa le but de notre présence et aussitôt l'oncle me fit venir auprès de lui, ausculta mon corps, ensuite appela un jeune à haute voix du nom de Hamidou et lui demanda de m'amener avec lui et de me donner le deuxième matelas avec un drap.

Dans la chambrette, se vautrait un autre garçon, moins âgé que moi, du nom de Dembarou et que Hamidou me présenta. J'étais émerveillé de voir, pour la première fois, la lumière électrique : une ampoule qui illuminait la chambrette.

Entre temps, mon père et son ami étaient partis chez le logeur de la famille au village Demba Koukoulel qui habitait un autre quartier de la ville. Après le dîner, mon oncle m'a présenté à Hamidou et Dembarou, en nous disant que nous étions des frères et par conséquent, ses neveux, donc pas d'histoires entre vous, sinon il y a le bâton pour corriger tout fautif...

Le lendemain matin, après le petit déjeuner, le nommé Hamidou m'accompagna au centre de Santé voir Docteur WONE, médecin du dispensaire de Kolda. Dès notre arrivée au dispensaire, le gardien nous introduisit dans le bureau du médecin qui me demanda de me déshabiller entièrement et me coucher sur la table.

Il m'examina soigneusement avant de revenir à son bureau prescrire le traitement et demander au gardien de m'amener voir un certain Monsieur Sané, infirmier qui, après m'avoir injecté une piqure et nettoyé tout mon corps, me demanda de revenir le voir tous les deux jours prendre mes piqures antibiotiques et renouveler le nettoyage des plaies, ceci pendant tout le mois de Septembre.

**Le transfert**

La date de ma guérison coïncidant avec l'ouverture des classes 1962 -1963, mon oncle décida de me garder à ces cotés et m'inscrivit à l'école 2 de SIKILO à Kolda, en classe de CE2, par l'intermédiaire d'un de ses neveux, Abdou dit Pascal Diallo qui enseignait, à l'époque, dans cette même école. La classe de CE2 était tenue par Monsieur Badiane, un Diola, originaire du département de Bignona.

**Le plaisir d'apprendre :**

Tout était différent de l'école de Dabo : il y avait une grande différence entre l'école rurale et celle urbaine. Ici, il y avait plusieurs classes logées dans des bâtiments en dur construits avec des larges salles remplies de tables bancs où on s'asseyait à deux, la classe était toujours balayée et tenue propre. Chaque bâtiment avait de larges vérandas qui servaient de pare-brise aux occupants.

Je n'avais que dix minutes de marche à faire pour arriver à l'école : comparé à Dabo, j'étais aux fenêtres de ma classe. La classe était bien aérée et propre, les tables –bancs bien rangés et les fournitures en suffisance posées sur la table devant chaque élève.

Les châtiments corporels, bien qu'existants, n'étaient pas systématisés par mon nouvel enseignant. Au contraire, il aimait bavarder, échanger avec ses élèves, en utilisant le cousinage à plaisanterie entre Diolas – Peuls.

Quand j'ai compris qu'il refusait qu'un élève ne puisse pas réciter ses leçons, je me suis mis à table pour apprendre par cœur toutes les leçons. D'ailleurs et depuis lors, jamais je n'ai subi une correction corporelle à cause d'une leçon non sue. Ceci m'a beaucoup aidé au CM2 pour mes examens et mon niveau.

L'ambiance était s conviviale parce que tous les élèves se considéraient comme des frères et sœurs et discutaient par rapport aux compositions et surtout commentaient les essais périodiques qui se faisaient en interclasses et inter-écoles. Dans notre classe, les filles étaient plus nombreuses et voulaient occuper les premières places et nous les garçons, nous ne l'entendions pas de cette oreille. Une saine émulation entre garçons et filles, en ville alors qu'à à Dabo, toutes les filles avaient abandonné ou étaient mariées au sortir du CI...

Maintenant, je mesure l'importance de la SCOFI que le gouvernement a lancé à Fatick en 1990, que la fille doit **aller à l'école et y rester**. Donc une farouche mais saine compétition existait entre nous, garçons et filles, surtout pendant les devoirs, les compositions et au final, les examens du CEPE et de l'entrée en 6e.

Elève, j'étais heureux d'être mis dans les meilleures conditions d'études et sur le plan de l'alimentation, finie la bouillie de la cantine de Dabo. Cette année-là, mon ambition pour l'école renaît, je repris goût, tellement l'ambiance était bonne, agréable.

Je poursuivis mes études primaires jusqu'en classe de CM2, à l'école 2 et où j'obtins mon certificat d'études primaires élémentaires (CEPE) et mon admission au centre régional d'enseignement technique de Ziguinchor (CRET) en 1965, section mécanique.

**Etape de Ziguinchor**

Dans cette longue marche qui débuta à Dialambéré, Kolda ne fut donc, au départ, qu'une étape transitoire dont la suite logique a été Ziguinchor, à cette époque, capitale régionale de la Casamance. En effet, à la rentrée des classes de 65-66, je fus admis au concours d'entrée au Centre Régional d'Enseignement Technique (CRET) [2] de cette ville fondée, à côté des villages

[2] - Le centre régional d'enseignement technique était situé au cœur du quartier dit escale de la ville. Il était bâti sur un terrain plat recouvert de sable marin, couvrant au moins 5 hectares, entièrement clôturé. Un bâtiment abritait l'administration de l'école et trois autres grands édifices comportaient plusieurs salles. On y dispensait

Bainouks et Diolas, en 1645 par les portugais avant d'être cédée le 22 Avril 1886 à la France qui en fit un comptoir commercial.

Ne connaissant pas grand monde dans cette ville, mon grand frère Ibrahima, instituteur à Kougnara, se rabattit sur un de ses amis, pour me trouver un tuteur en la personne Ibrahima Solo Dia, transporteur en commun de minicar urbain dans la ville de Ziguinchor. Il habitait Santhiaba, non loin de notre centre de formation. C'était une grande chance pour moi. Le revers de la médaille c'est que Santhiaba était un quartier marécageux, en toute saison infesté de moustiques. Les bâtisses étaient généralement en hauteur pour laisser couler l'eau et la plupart des concessions n'avaient pas de latrines, mais plutôt des pots en plastique avec couvercle, on les vidait nuitamment dans les eaux de ruissellement.

Je fus traité comme un des leurs par les membres de la famille DIA, hommes et femmes, ils m'y ont bien accueilli. Ainsi, trois ans durant, j'y ai trouvé affection et compréhension et le régime alimentaire y était varié, avec une diversité de mets à base de feuilles et fruits de mer: huile de palme, huitres, crevettes et du poisson frais ou séché, en plus une gamme des fruits forestiers en abondance, en toute saison. Tout cela m'a laissé un bon souvenir de Ziguinchor. Par contre, les apprentissages dispensés par l'école, ne répondaient pas à mes ambitions et attentes, c'est pourquoi je suivais les cours manuels, (serrurerie, mécanique auto, soudure et dessin industriel) sans grande conviction, sans motivation. J'explorais, à chaque instant, la possibilité de faire une formation en comptabilité laquelle m'attirait beaucoup plus et semblait présenter pour moi plus d'opportunités pour intégrer l'administration publique. Une telle formation pourrait justifier mon éventuel abandon, sans blesser ma famille, surtout mon grand frère qui prenait en charge une partie de mes frais de scolarité et d'intendance (habillement, hébergement et restauration) puisque ma bourse de demi-pensionnaire restait insuffisante.

Après deux ans de formation en mécanique- serrurerie, vint la fameuse grève de 68 qui invalida l'année scolaire, « pour mon plus grand bonheur », car je n'en voulais plus, pour ne pas dire je n'en pouvais plus.

**Etape de Dakar**

Pendant les vacances de 68, je vins à Dakar, m'ouvrir à mon oncle Demba Koïta, toujours très sensible à tous mes problèmes. Je lui fis part de mon souhait de changer de filière de formation.

---

des cours théoriques : français, mathématiques, dessin industriel, et éducation civique. Un autre, plus grand et plus long que tous les autres, abritait les sections menuiserie bois, menuiserie métallique (serrurerie, soudure) et mécanique auto. Les deux autres étaient respectivement aménagé pour le réfectoire, la cuisine et les toilettes et WC. Dans la vaste cour se trouvaient les terrains de basket, de volley bal et de football. Les apprentissages qui s'étalaient sur trois ans, comportaient les filières suivantes : la mécanique auto, la serrurerie, la soudure, le dessin industriel, la menuiserie bois, devaient aboutir à l'obtention du diplôme d'aptitude préparatoire (CAP) donnant le titre de : technicien professionnel/ option.

Mon vœu était de passer de la mécanique-serrurerie à la comptabilité. Ce qu'il accepta. Sans tarder, il me recommanda auprès de Mr SY, Secrétaire Général de la Chambre de Commerce de Dakar en vue de m'inscrire en section Comptabilité- Transit. C'était en 69-70.

Cette formation dura trois ans sans accrocs parce que je gagnais en maturité et en liberté de penser, mais encore, j'avais pris conscience que seul le travail paie. A l'époque, la nouvelle filière que j'empruntais offrait beaucoup d'opportunités et de débouchés. En juin 1972, j'ai réussi mon CAP- Comptabilité, au premier tour.

Thiammy Baldeh, un cousin gambien, naturalisé Français, établi à Corbeilles, en banlieue parisienne, apprenant ma réussite au CAP Comptabilité, me demanda de lui envoyer mon dossier pour qu'il m'inscrive dans une école professionnelle dont la formation déboucherait sur un diplôme d'expertise comptable ; car, pour lui, il ne fallait pas s'arrêter en si bon chemin. Partageant avec lui cette appréciation, je me suis dépêché de lui envoyer par courrier le dossier qui s'est concrétisé, quelques jours après, par une pré-inscription.

Pour faire face aux préparatifs du voyage, j'ai sollicité encore une fois l'appui de mon oncle Demba KOITA, Député- Maire, 2eme Questeur à l'Assemblée Nationale qui m'a trouvé un poste de remplacement pour trois (3) mois à Bambey au centre de recherches comme Aide comptable.

# IX

# Demba KOITA : L'oncle fondamental, présent et serviable.

S'il y a quelqu'un qui a marqué ma vie se fut bien mon oncle Demba Koita, petit-fils de Abibuu, né vers 1922 à Dialambéré, fils de Yassa et Biiry Baldé. Son père eut cinq épouses : **You Konté** (dont les enfants sont : Sambayou, Dembayou, Yéro Bouliyou, Toubagno, Souracké, Koundié et Niellé), **Biiry Baldé** (Mooro, Innayel, Sambayel, Bouya, Demba, Adama et Yéro), **Pocka Mballo** (Thiammy, Siranding, Famata, Niama, Ballou, Dado, Alpha et Mama Kassé), **Diabou Diao** (Gouranko, Labbo, Sadio, Souba), **Dourrou Baldé** (Ndumgou, Pourro, Pendayel)

Ainsi, Demba était le 15e fils du côté paternel et 5eme du côté maternel. On peut retenir que sa mère, Biry Maodoo est issue de la famille Baldé fondatrice du village de Dabo. Biry est la fille de Nianthio Baldé un chef de guerre de Moussa MOLO au même titre que Abibuu. Elle est sœur de Thierno Nianthio, Samba Nianthio, Saliou Nianthio, Mandou Nianthio et Fodé Nianthio du côté des hommes, elle a une petite sœur du nom de Woppa, d'après Sadio Bilo Baldé âgé aujourdhui de 89 ans, petit-fils de Samba Nianthio.

Sa vie prit un tournant décisif le jour où Abdoul DIALLO, ancien chef de canton du Patim Thibo, ami de Yassa, vint à Dialambéré au mois d'octobre 1930, où il trouva le jeune Demba souffrant du pied. Abdoul Diallo demanda à son ami Yaassa l'autorisation de l'emmener le lendemain à Kolda pour le soigner. Ce que celui-ci accepta volontiers. Après guérison, Abdoul Diallo au lieu de le ramener auprès de ses parents à Dialambèré, fort de l'amitié avec son père et de son chapeau de chef de Canton, il s'est permis d'autorité de le ramener chez lui à Médina Abdoul où il l'inscrivit à l'école primaire le 03 novembre 1930. Cet épisode de sa vie nous a été raconté par Bassirou Diallo, un des fils de Abdoul Diallo, et confirmé par l'ami intime et inséparable Demba koukoulel Dramé, de Dialambéré.

Demba KOITA a été un élève brillant, en survolant toutes les petites sections du primaire, avant d'être envoyé à Kolda pour y faire le CM1 et le CM2. Il réussit avec brio au certificat d'études et fut orienté au collège de Sédhiou pour être ensuite sélectionné pour le prestigieux collège Blanchot de Saint Louis alors capitale de la colonie du Sénégal et celle de la Mauritanie.

C'est au collège Blanchot que Demba KOITA, a été repéré par l'administration coloniale française et recruté en qualité de secrétaire des greffes et Parquet. Après sa formation à Saint Louis, il fut affecté à Kaffrine ensuite à Kayes au Soudan français actuel Mali, avant d'être muté à Ziguinchor capitale de la Casamance. Après l'indépendance du Sénégal en 1960, Demba fut affecté à Kolda, capitale du Fouladou où il devient greffier en chef du tribunal Départemental.

Le Député- Maire de Kolda de 1963 à 1988 : Demba Koita

## Irruption dans la politique : jeux et enjeux de la conquête du pouvoir et des alliances.

Son engagement politique aboutit à son élection en 1963 comme maire de Kolda, avec comme parrain DIOP Michel de la tendance A. Il sera successivement réélu jusqu'en 1988.
De 1963 à 1988, l'équipe de la tendance A se modifiait au gré des renouvellements des instances du Parti socialiste, avec l'adhésion de grands cadres politiques, très fidèles ayant marqué la vie politique locale. Je me souviens, entre autres de ; Boly Gaye, Guirane Ndoye, Demba Camara, Fodé Fanné, Olympe Daniel Cissé, Abdoulaye Diallo, Ibou Cissé, Yéro Diaw, Sydia Niang, Abdoulaye Ndiaye, Dicory Diop, Ciré Djim, Dioudiou Sokhna, Sory Cissoko, Aldiouma Sy,Malang Niabaly, Bouraima Koita, Mafodé Konté, Samba Wandianka, Mamadou Diamanka, Babacar Ndiaye, Boboyel Diallo, Demba Koucoulel Dramé, Botta Baldé, Sambading Koita, Aliou SY de MYF, Koundie You Koita , , Boubacar Tendetta Diallo, Mody Bailo Diallo, Hamidou Diallo, Ciré Ngom, Saifoulaye Diallo, Tidiane BA, Alassane Diawara, Bécaye Diop, Papa Boubou Diallo dit DP, Samba Doucouré, Abdoulaye Barry, Lémou Sané,, Fassaloum Touré, Bacary Sané, Sada Sabaly, Alioune Kang cissé Baldé, Sada Seck, Dansa Diao, Kélépha Diao, Lansana Ndiaye, Diatta Elevage, Balla Sané, Mountaga Diao, Demba Mballo, Sandigui Baldé, Directeur SA Baldé, Samba Ndiaye Baldé, Bassirou Niamey Diallo, Moctar Kébé Omar Rougui Diack, Djibril BA, Opa BA , Wassa Seydi, Kissima Baldé, etc........ Sans oublier les femmes amazonnes comme : Mama Guirassy, Foulah Sabaly, Djidéré Mballo, Faye Mballo , Diyé Sow, Méta Baldé, Diariatou Dabo, Sounkarou Faty, Ramata Déme, Mame Karré, Ely Garvallo, Khady Baldé Hailatou SOW ,etc.........
L'une de ses plus dures batailles politiques auxquelles il m'a été donné d'assister entre les deux tendances du Parti Socialiste (PS) à Kolda a été celle de 1973, année de renouvellement des instances du parti socialiste. En effet, j'ai vécu la lutte entre les deux tendances politiques de PS qui se disputaient le leadership du département. Ces opérations ont commencé le 1er Janvier 1973, et se sont terminées le 31 Décembre 1973, jour pour jour. Etant novice dans ce jeu, j'ai péniblement traversé cet épisode politique.
Un matin de Mercredi, vers 9 heures 30mm, heure à laquelle hommes et femmes vendeuses de légumes et autres, venant de tous les coins de la ville, débouchaient vers la mairie pour rejoindre leurs étals au marché central, un certain Djiby Keita, un colosse, à la voix d'or, vendeur de colas, fervent militant du camp adverse à mon oncle, sort du côté de la grande mosquée en s'exclamant « *Hé, Hé, Hé vous habitants de Kolda, je vous informe que Monsieur le Ministre Jean Collin, vient d'informer Monsieur Yéro Kandé grand leader politique, qu'il enverra un avion aujourd'hui, à 10heures, pour procéder à l'arrestation de Demba Koita, pour malversation et usage de faux en écriture comptable à la mairie..... Hé, Hé, Hé c'est fini pour lui, Yero Kandé sera installé, dès demain, Maire de Kolda ...* ». De la fenêtre de mon bureau, j'entendais ce message répété à haute voix, avec des éclats de rire, de ses partisans vers le marché central. Sur le champ, une peur bleue m'envahit, j'étais tourmenté...à 10 heures, j'entendis un avion survoler la ville. J'étais étourdi, et c'est à peine que je me tenais debout...

Heureusement, le chef de la voierie municipale, un certain Samba Doucouré, entra dans mon bureau pour réclamer du matériel de nettoyage et ramassage des ordures.

Me connaissant bien, Samba remarqua que j'étais mal à l'aise et me demanda si j'étais malade. Je lui raconte les faits et il éclata de rire :

*« Il me dit de revenir sur terre, que c'était de l'intoxication politique. Que l'avion militaire venait tous les mercredis à Kolda et ensuite si c'était le cas, moi-même malgré le fait que j'étais nouveau, j'allais être parmi les premiers à être informés, et ensuite, que Demba Koita était bien assis dans son bureau d'à côté. Pour terminer, il me dit : attends, écoute, demain, à la même heure, tu auras, la réplique ».* Durant toute la journée, ces paroles me sont restées, et je me posais la question de savoir si un vieux comme celui- là avait à divertir les gens sur du faux. Le lendemain, effectivement presque, à la même heure, de ma fenêtre, j'entendis une autre voix mais cette fois-ci rauque du vieux Malang Niabaly, percepteur des halles et Marchés qui disait : *« Hé, Hé, Hé, habitants de Kolda, Monsieur le Maire, Demba KOITA vous informe que la nuit dernière à la frontière avec la Gambie, les douaniers ont procédé à l'arrestation, sur instruction du Procureur de la république de Ziguinchor, de Yéro Kande pour trafic de drogue yamba ». Là, encore j'interpelle le même Samba Doucouré, qui me dira que non ! Yéro Kandé était, en ce moment précis, chez lui, en train de prendre son petit déjeuner.*

Ces opérations de renouvellement se sont terminées par le fameux comité de Diambanouta qui a duré toute une journée, a vu la tendance A, dirigée par Demba KOITA, remporter de justesse la victoire dans l'ensemble du département et de la Commune de Kolda.

Durant les renouvellements de la commune, je devenais de facto, un militant du parti en prenant ma carte dans mon quartier de Château d'eau.

Durant les années 74-75, le parti avait demandé d'organiser les jeunes en tant que « fer de lance » qu'on appellera allègrement « jeunesse socialiste », pour être le rempart du parti à l'image des étudiants. La tendance A avait choisi quelques jeunes comme : Malang Touré, Baba koita, Yaye Sané, Ibou Camara, Babou Koita, Seyni Ba Diassy dit Bembeya, Fanta Baldé, Ousmane Baldé, Talata Seydi, Manlafy Dramé, Gourou Diallo Saré Moussa barrage etc… pour remplir cette tâche, tant au niveau de la Commune et plus tard au niveau Départemental.

Ce comité, que coordonnait le camarade Malang Touré, se réunissait très souvent soit à mon bureau soit celui de Dicory Diop, adjoint au Maire, pour peaufiner des programmes de visites ou des réunions dans les quartiers. Nous étions coachés par les Dicory Diop, Tidiane Bâ, Bécaye Diop, Alassane Diawara, Malamine Samaté, Henry Sall, Pape Diallo dit DP etc….

Ainsi, nous avions quadrillé l'ensemble des quartiers de la commune, en envoyant la veille d'abord des sous –marins (femmes ou hommes), la nuit pour prendre contact avec certains adultes qu'on appelait « cadres » du parti, qui étaient des vecteurs d'opinions dans leur zone d'habitation, au besoin un mentor allait renforcer ce dispositif avec des moyens mis à sa disposition par la tendance ou le plus souvent par les propres moyens du mentor, ensuite nous les jeunes venions en nombre pour tenir le meeting où le vacarme par la sono mis à fond et autres troupes de griots traditionnels ( violons , tamas, guitares ) et les troupes des femmes ( Racky Diallo) rivalisaient jusqu'à tard dans la nuit. Malheureusement au lieu de profiter de l'existence de l'école du parti pour animer et éduquer les militants, tous les discours étaient centrés sur l'adversaire politique en le dénigrant pour l'affaiblir le plus possible.

A partir de ce postulat tout était permis : confusions de rôles, délation tous azimuts de l'adversaire, charlatanisme à outrance, qui permettaient aux maitres – chanteurs, de pratiquer leur jeu favori conduisant quelque fois, jusqu'à la médisance.

Et pourtant, depuis toujours, les actes qui ont créé les mairies sont nobles en ce sens que, c'est le bien-être de ses habitants qu'elle cherche à travers ses outils que sont les budgets et les plans de développement.

De 1974 au 30 Juin 1985, profitant de ma proximité avec mon oncle, et étant gestionnaire, de la mairie, j'assistais à l'ensemble des réunions restreintes qui se tenaient soit à la mairie soit à son domicile. Partout, j'ai vécu dans cette ambiance, en tant que jeune militant discipliné. Je vivais très mal cette situation. Dans mon for intérieur, je me suis toujours opposé à cette forme de pratique politique. Mon comportement était contraire aux pratiques de notre tendance en ce sens qu'il m'arrivait de rendre service à un adversaire farouche, qui venait chercher un service à la mairie. Je nourrissais des égards respectueux pour l'ensemble des hommes et femmes de la tendance adverse surtout des doyens comme : Bouna Ba, Caporal Diop, Sambayel Tékéré, Seydou Coulibaly, Hady, le vendeur de fruits etc...

A partir de ce constat, malgré l'adversité politique, j'avais ma liberté d'action et une ample marge de manœuvre limitée néanmoins par le serment que je m'étais de toujours l'accompagner tant qu'il demeurerait en vie.

**Repos éternel à Dialambéré**

Le jour fatidique arriva un certain 22 Novembre 1993 en pleine nuit. En effet cette nuit-là, je fus réveillé par la sonnerie du téléphone et au bout du fil c'était ma cousine Mame Basty, pharmacienne de formation qui m'annonçait que mon oncle, son cher Père venait de quitter définitivement ce bas monde, aux urgences de l'hôpital Principal de Dakar suite à une forte fièvre. Ma mémoire a flanché quelques secondes tellement la nouvelle était brutale. Mon esprit revenant quelques instants après, j'ai versé de chaudes larmes en pleurant à haute voix, cela réveilla les membres de ma famille présente dans la concession. Quelques instants après, ma mémoire s'est mise en marche pour mesurer l'ampleur des tâches qui m'attendait à cause du statut que me conféré le défunt. Par alliance j'étais le plus âgé de ses enfants.IL fallait prendre toutes les initiatives pour faire face à l'évènement. D'abord informer la grande famille de Kolda, ensuite aller retrouver celle de Dakar, afin de voir dans quelles mesures nous allions agir pour respecter les dernières volontés du défunt à savoir être enterré auprès de son feu Père Yassa au village, à Dialambéré.

Le doyen d'âge Bassirou Diallo informé par mes soins, organisa rapidement une réunion restreinte au domicile du défunt, pour désigner l'oncle Babacar Ndiaye et moi pour aller rejoindre la famille de Dakar, et avec elle, les amis et les officiels, pour voir la possibilité de ramener le corps à Kolda.

A l'aube, nous avions quitté kolda pour Dakar que nous avions rejoint aux environs de 13h.

A la maison mortuaire au quartier Sacré Cœur 1 de Dakar, la maison était noire de personnes de tous âges et de sexes. Dès notre arrivée j'ai pris les choses en main aidé en cela par les parents et officiels trouvés sur place. Tard dans la soirée du 23, l'éternel et vieux compagnon politique tonton feu Assane SECK ancien Ministre, en compagnie du Ministre Daour CISSE et les Députés Amath CISSE et Sandigui BALDE, sont venus nous annoncer avoir obtenu de l'Assemblée Nationale un avion de quelques places pour ramener le corps à Kolda. « Un ouf de soulagement a été ressenti par l'ensemble de la famille ». Il fut décidé que l'avion partirait le surlendemain à 9heures.

Nous nous organisions pour faire partir par véhicules le maximum de personnes à Kolda.

Au jour « J » tout Kolda était sorti pour dire ADIEU, à leur « CHEF » « leur IDOLE » « leur leader ».

En effet pour paraphraser mon grand – frère et ami Alassane Diawara, enseignant-Educateur de formation et militant du Parti Socialiste à Kolda, me disait récemment,_en reprenant les propos de son leader le Ministre- Maire Moctar Kébé, que feu Demba Koita a été et restera le seul leader politique de Kolda, à avoir bénéficié du titre de « chef ». Pour plusieurs raisons :

« Chef » parce qu'il avait pu et su créer une équipe dynamique, sincère et loyale autour de lui à qui il faisait entière confiance qui le lui représentait dignement à tous les niveaux.

« Chef » parce que c'est le seul leader qu'on ne réveillait pas quand il faisait sa sieste sans que ça n'offusque personne, même ses grands frères au village se gênaient de le déranger.

« Chef » parce que c'est le seul leader quand il ne va à un baptême d'un militant personne ne lui reprochait

« Chef » parce que c'est le seul leader quand il ne va pas à un décès même si c'est un de ses militants personne ne s'en offusquer.

« Chef » parce que dès qu'il recevait un hôte de marque et qu'il conviait les commerçants de la ville pour une participation, tous s'empressaient à faire un geste pour plaire.

« Chef » parce qu'il avait une capacité d'écoute hors pair et un sens élevé de respect de son vis-à-vis.

« Chef » parce qu'il était serviable et généreux, c'est pourquoi il ne disait jamais « non » à son interlocuteur ce qui lui valut le sobriquet « Mi Toppito, je m'en occupe ! »

Tout ce beau monde l'a accompagné jusqu'à Dialambéré où il repose à côté de ses parents comme pour honorer ses dernières volontés.

OUI cher Oncle, par la force du destin, tu étais devenu cet improbable héros, ce « people », cette Rockstar, involontaire qui s'est retrouvé, à son corps défendant, sorti de son univers fumeux des bureaux de la justice des hommes.

Tu t'es ainsi pérennisé en'' rode model''. En clair, tu étais un exemple à émuler pour tant de nos jeunes compatriotes qui voient en toi une alternative plus valorisante que les vedettes en pacotilles, souvent crapuleux, n'ayant progressé dans l'échelle sociale que par des expédients et autres activités louches ou ludiques qui ont fait reculer notre pays.

Ne disais-tu pas, souvent et avec force en citant Henri Bergson « que l'avenir ne soit plus « ce qui va arriver » mais ce que nous allons faire… »

Repose en PAIX, que la terre natale de Dialambéré soit pour toi et les siens LEGERE AMINE………

Avec l'oncle Demba KOITA député devant l'Assemblée Nationale en 1980

# X

# De la mairie de Kolda au monde de la recherche

Comme mentionné plus haut, pendant que je me préparais à rejoindre mon nouveau poste à Bambey, mon oncle me fit venir à son bureau à l'Assemblée pour me demander de lui amener mon attestation de réussite au CAP comptable car la mairie était à la recherche d'agent diplômé suite au licenciement du personnel en place consécutivement à des incidents politiques. De surcroit le Ministre de l'intérieur de l'époque, Jean Colin qui conditionnait son acceptation de recrutement qu'on lui présentât un diplômé en comptabilité. Cette information m'a été donnée quelques jours après par le 2eme Député de Kolda Fodé Fanné.

L'audience a eu lieu le 21 Novembre 1972, après sa rencontre avec le Ministre il me demanda d'aller me préparer pour partir à Kolda le lendemain 22 Novembre par la voiture de la Mairie de Kolda. Le 23 Novembre 1972 à 08 heures, j'ai été introduit par feu Abdoulaye Ndiaye 1er adjoint au Maire auprès de mon coach feu Balla Sané, fonctionnaire municipal détaché à la perception, chargé de la tenue des comptes municipaux et avec lequel j'ai effectué mes premières écritures comptables sous la supervision de Monsieur feu Sylla percepteur à l'époque.

A ma prise de service, un des soucis de l'autorité municipale, était de savoir comment améliorer l'établissement des états de paie du personnel, parce que en l'absence de comptable, les états étaient souvent rejetés par le percepteur – Payeur ce qui occasionnait un retard insupportable pour le personnel.

Je me mis à fond dans le travail, avec sérieux et abnégation. Pour cela, il m'a fallu des nuits d'insomnies pour dépoussiérer les archives comptables qui étaient entassées dans de vieilles armoires métalliques. Toutes les nuits, pendant un mois, j'avais comme compagnon mon poste radio transistor en bande FM pour écouter la radio régionale de Ziguinchor. De temps en temps le gardien me servait du thé à la menthe pour me maintenir le plus longtemps possible éveillé. En vingt jours, j'ai pu confectionner l'ensemble des états de Paie et déposer à la perception pour visa et paiement. Le lendemain, après contrôle, le visa à « A PAYER » a été apposé sur l'ensemble des états.

Trois jours après le visa, les salaires des agents de la mairie étaient disponibles et ils pouvaient se présenter à la caisse de la perception pour recevoir leurs émoluments du mois. Cette annonce fit le bonheur de toute l'équipe municipale en premier lieu l'oncle qui avait été avisé par son adjoint.

Evidemment dans le camp politique adverse il y eut quelques personnes qui avaient critiqué mon recrutement. Ils commençaient à s'interroger sur le bien-fondé des informations véhiculées par certains de leurs militants malveillants.

De mon côté, non seulement je maintenais le rythme du travail en quantité mais aussi en qualité pour éviter tout rejet de la part du régisseur-payeur. Concomitamment, je traitais les exercices par correspondance de l'école supérieure en Comptabilité à Paris France, pour pouvoir valider l'année scolaire suite à l'inscription qu'avait obtenue mon cousin « francenabé ».

Un soir vers 19 heures, du mois de Décembre 1972, pour décompresser un peu, je suis sorti de mon bureau pour aller chercher des pacotilles – friandises à mâcher au magasin appelé « Chaîne d'avion », juste à côté, en face de la place de la mairie. C'est là que j'ai rencontré pour la première fois celle qui allait être mon épouse. Dès mon arrivée au magasin, j'ai reconnu la femme « drianké » richement habillée qui n'est autre qu'une de mes cousines du quartier de Gadapara. On se salue et je lui demande qui était cette jeune fille en sa compagnie ?

Elle me répondit que c'était sa petite sœur qui était à Ziguinchor. Sur le champ, je me présente à elle et lui demande si je peux lui rendre visite le weekend suivant ? Elle m'a répondu par l'affirmative et nous étions un certain jeudi.

De retour à mon bureau, le visage charmant de cette fille ne me quittait plus, à tel point que j'ai interrompu mon travail à vingt une heure pour aller diner et me coucher. Ceci ne m'était pas arrivé depuis mon retour à Kolda.

Après un vendredi bien rempli, voilà qu'arrive le Samedi, jour de mon rendez-vous. Vers 16 heures, je me rends à vélo au quartier Gadapara, chez la famille Baldécounda où habitent mes cousines. Je trouve presque toute la famille.

Après les salamalecs avec la maman, Korca, la grande sœur m'introduisit dans sa chambre où il y' avait déjà sa petite sœur Mariétou, que je retrouve encore plus belle et plus charmante. Elle était richement habillée d'une robe longue plissée, à la mode. Je tombais des nues. Depuis cet instant, je ne l'ai plus quittée, jusqu'au mariage, scellé et célébré, pendant les grandes vacances du mois d'aout en 1973 dans mon village à Dialambèré.

**Un nouveau cadre professionnel**

Mon changement d'employeur se passa un an après le décès de mon père qui eut lieu le 30 Janvier 1984. En effet, EL Hadji Thiammy KOITA mourut à l'hôpital de Ziguinchor cette année-là suite à une longue maladie. Cette perte cruelle d'un être aussi cher m'a abattu pendant plusieurs jours voire des mois.

A la fin de cette année-là, le Président de la république du Sénégal, promeut deux jeunes de la région de Kolda, Messieurs Bocar Diallo au Ministère de la Pêche Maritime et Balla Moussa

Daffé, comme Ministre de la Recherche Scientifique et Technique. Balla Moussa Daffé était un ami de Dicory DIOP et Tidiane Ba…Et par leur entremise, j'introduisis une demande d'emploi en qualité de comptable au Centre de Recherches Zootechnique (CRZ) de KOLDA. Cette demande aboutit le 30 juin 1985, grâce à l'intervention et l'implication d'amis et autres proches personnes : le Ministre Balla Moussa, Docteur THiongane DG /ISRA, Séga Balde bibliothécaire, Docteur Mamadou Mbaye, Directeur CRZ de Kolda, Abass BA Directeur du COF, Dicory Diop adjoint au Maire et Amadou Tidiane BA, Conseiller Municipal Directeur de l'école du Parti socialiste de Kolda.

Ce même 30 juin 1985, je présentais ma démission, avec effet immédiat et sans aucun avantage au Maire de Kolda, qui n'est autre que mon oncle Demba Koita. A contre cœur ou pas, il l'a acceptée en me posant la question à savoir « est ce que j'avais bien réfléchi » et j'ai répondu par l'affirmative, il me dit qu'étant majeur, il respectait mon choix.

**Premiers contacts avec le monde de la recherche** :

Mon séjour au Centre de Recherches Zootechniques (C.R.Z.) de Kolda fut une étape déterminante dans mon parcours professionnel.

Je pris le service, le 1er Juillet 1985, au CRZ de Kolda, en qualité de comptable des matières, pour une durée indéterminée. Par cet acte, je signais mon entrée dans l'administration générale de la République du Sénégal, en qualité décisionnaire, donc de non-fonctionnaire. Cette antenne de l'Institut Sénégalais de Recherches Agricoles (I.S.R.A) fut créée en 1972 avait pour vocation l'amélioration des pratiques d'élevage et de la génétique du taurin Ndama et du mouton Djallonké. Ces deux races, du fait de leur trypanotolérance, composaient l'essentiel du cheptel de cette zone sud du Sénégal. L'établissement avait treize années d'existence quand je l'ai intégré en tant que comptable… Son personnel était constitué de chercheurs, de techniciens de sciences vétérinaires, de cadres administratifs et d'ouvriers. La période était marquée par des ajustements budgétaires et structurels auxquels l'I.S.R. A a dû faire face. Mais malgré ces difficultés, le CRZ de Kolda sous la direction d'une équipe dynamique et solidaire a pu mener et développer ses activités de recherche en privilégiant l'ouverture sur le milieu réel et la collaboration avec les producteurs et autres acteurs concernés par le développement de la zone. La bonne ambiance, dans le centre, a été motivante pour tous et particulièrement pour moi. Ce nouveau climat de travail m'a permis de porter un regard nouveau sur ce monde rural auquel j'appartenais. C'est cette atmosphère qui fut à l'origine de l'initiative visant à organiser les jeunes de mon village et concevoir avec eux des projets d'élevage et de maraîchage pour faire face aux effets de la sécheresse qui sévissait. Le centre a soutenu cette initiative en accompagnant les jeunes dans la mise en œuvre de ces projets. Je me suis investi de toute mon âme dans ce nouveau défi notamment en créant avec mon ami Djidéré Baldé l'association des Jeunes de Dialambéré.

# XI
# La création de l'Association des jeunes de Dialambéré

Comme mentionné précédemment la sécheresse de 1973 fut historique, elle nous a obligés à envisager des solutions pour faire face à un désastre multiforme, ce fut le début d'un engagement décisif auprès des populations.

Ma vie prit alors un autre tournant. En effet, l'initiative d'organiser le village afin d'affronter la situation provenait de Djidéré Baldé et de moi interpelés que nous étions par la précarité de nos parents. Cette année, la Casamance naturelle enregistrait, pour la première fois, une absence sans précèdent de pluies. Les populations rurales qui ne vivaient que d'agriculture avaient enregistré de très mauvaises récoltes.

Du coup, on avait assisté alors au départ massif des jeunes du village de Dialambéré vers Kolda, chef-lieu de département, avant de devenir chef-lieu de région dix ans plus tard. Le village se vidait progressivement de ses forces vives, de ses bras valides. Mais les nouveaux arrivants ou migrants saisonniers ne trouvaient pas de travail dans cette petite ville encore très rurale. Dès lors, ils devenaient une charge non négligeable pour les familles d'accueil originaires de Dialambéré comme moi-même. Ainsi, rechercher des solutions pour arrêter l'exode rural apparaissait comme une urgente nécessité et un impérieux devoir. Que faire ?

Djidéré Baldé, professeur de Collège et moi-même, jeune fonctionnaire de l'administration, conscients de cet état de fait envisageâmes d'agir vite afin d'endiguer le mal à la source. Nous décidâmes de sensibiliser les jeunes et leurs mamans, « influenceuses, silencieuses » Pour ce faire, durant les week-ends, après plusieurs voyages au village, nous organisâmes avec des amis, des réunions avec la population cible sur les opportunités qui s'offraient à nous tous. Le mot d'ordre s'énonçait comme suit : *« rester et réussir chez nous.* » L'objectif était bien défini : convaincre les jeunes que leur avenir se trouvait au village et non en ville. Suite aux nombreuses descentes de sensibilisation, le plaidoyer finit par triompher. Nous obtînmes l'accord des jeunes qui se trouvaient à Kolda à retourner à Dialambéré. Fin d'une première manche de lutte contre l'exode rural !

Afin de favoriser leur retour définitif et empêcher de nouveaux départs, il a été créé, avec l'adhésion de toute la population, hommes et femmes, l'association des jeunes de Dialambéré (AJD). Celle-ci s'est fixée, dès le départ, comme but d'assurer le développement économique, social et culturel du village. Elle a initié alors des actions citoyennes internes, dans le village, d'abord.

Ainsi, l'Association, pour chaque concession, a réalisé une latrine faisant passer notre slogan « une concession, une latrine » du virtuel au concret, afin de lutter contre le péril fécal ; elle restaura la mosquée du village à la satisfaction des vieux notables du village. Pour pérenniser l'assainissement, l'AJD institua une journée de propreté : chaque dimanche matin. Pour une meilleure santé des enfants et décharger leurs mamans, on créa une garderie d'enfants, où les membres de l'association, femmes et hommes, par tour de rôle, assuraient, non seulement la garde des enfants, mais encore contribuaient volontairement, en monnaie et en nature (mil, riz, sucre, arachide), afin d'assurer la restauration 'améliorée'' des enfants admis à la garderie.

Naquit l'idée de construire une case de santé, de choisir et former des matrones, en accord avec l'infirmier chef de poste du dispensaire de Dabo…Mieux, l'AJD de clôturer un terrain de 10 ha, à usage de verger, où, progressivement, planter des arbres fruitiers (manguiers, citronniers, pommiers.) et y pratiquer le maraichage pour améliorer l'alimentation des enfants. Tous ces investissements ont été réalisés durant la période 75 à 85, c'est-à-dire en dix ans par les membres de l'association, sans apport/appui extérieur. Ce choix découlait de la volonté des initiateurs d'implanter solidement l'esprit endogène et participatif[3].

**Une rencontre capitale**

Lors d'une mission pour le compte du CRZ, en 1985, en route pour Dakar, je rencontrais pendant la traversée du fleuve par le bac (ferry) de Farafégni en Gambie, un cousin feu Demba DIA, habitant un village limitrophe de Dialambéré, fondé par mon oncle Koundié KOITA, en l'occurrence Médina Koundié. Demba Dia était membre de L'Association des Jeunes Agriculteurs de la Casamance (AJAC) affilié à la FONGS basée à l'époque à THIES. En discutant avec lui, il me fournit l'adresse de la représentante de African Developpements Fondation (ADF) en Afrique Madame Windy WILSON, une afro-américaine, ancienne corps de la paix au NIGER en pays Fulbe qui était intéressée à rencontrer des responsables d'associations communautaires en Afrique de l'ouest pour des partenariats. Elle séjournerait à Dakar pour 2 à 3 jours au mois de Mars, on était au mois de janvier.

Le lendemain de mon arrivée à Dakar, j'ai rencontré, au cours d'une manifestation familiale de nos parents maîtrisards qui procédaient au lancement de leur entreprise « boulangerie » à Grand Yoff, mon ami et frère Djidéré Baldé, enseignant à Gossas, à qui j'ai fait le compte rendu des activités du groupement au village et l'informais de cette opportunité à saisir pour renforcer et élargir nos actions de terrain. Sur place nous avons rédigé une demande de rencontre en

[3] - Ci-joint en annexe un article qu'a écrit un consultant pour rappeler ces faits.

décrivant toutes les actions que l'association avait commencées à réaliser et les domaines où on souhaitait à être appuyé. Un autre cousin Ousmane Koïta s'était chargé d'affranchir la demande dès le lendemain à ses frais.

Un mois plus tard, je recevais la réponse positive de la Fondation pour une rencontre à Dakar à l'hôtel Lagon2. Le 11 Mars 1985, je vins à Dakar rencontrer cette dame afro-américaine, Anthropologue de formation, parlant pulaar et enseignant à l'université de Maryland. Dès notre première rencontre, en tant qu'enseignante, en plus de son pulaar fulfulde du Niger/Nigeria, elle m'a mis à l'aise et je suis sorti de ce premier contact, satisfait, d'autant plus qu'elle m'annonçait que la Fondation était d'accord à nous accompagner dans toutes nos actions, ceci après une visite de terrain qu'elle fixait au mois de Juin suivant. En juin, Dialambéré eut le plaisir d'accueillir cette dame, qui malgré, sa grossesse avancée, est venue visiter toutes nos réalisations de terrain.

Avec un appui financier de 46.000.000 frs CFA Dialambéré avait pu renforcer son matériel de nettoiement, équiper sa case de Santé, acheter des denrées de première nécessité pour la garderie d'enfants , consolider la haie vive de son verger, acheter et planter 2500 rejets de bananes, alléger la pénibilité travaux des femmes par l'acquisition d'un moulin à mil, acheter des vaches laitières (50) pour améliorer l'alimentation des enfants malnutris et des bœufs (50) pour la traction animale pour les cultures des champs et les rizières et une cinquantaine de bœufs pour l'embouche avec le CRZ/ISRA**, et 200 pintades venant du Burkina pour expérimentation avec Vétérinaires sans Frontières « VSF » et le biogaz avec ENDA ACAS**.

Au cours d'une de nos réunions populaires, « Dimanche » avait été retenu comme journée dédiée aux travaux communautaires du village. Durant ces rencontres, nous nous étions exercés à planifier d'une manière inclusive et rigoureuse, les activités à réaliser durant chaque semaine, chaque mois, chaque trimestre et les règles à respecter.

Notre première action de terrain avait consisté à sortir de la théorie en réalisant notre slogan fétiche : « Une concession, Une latrine » avec le nettoyage des rues. Pour ce faire, dans l'après du samedi, avant-veille de la journée communautaire, le magasinier en compagnie des différents responsables des commissions de nettoiement, femmes comme hommes, prenaient possession du matériel qui devait servir à réaliser les travaux le lendemain.

Le dimanche matin, après le petit déjeuner, nous nous retrouvions sous l'arbre à palabres, le Petit Taba, situé au milieu du village. A l'heure fixe, chaque groupe se dirigeait vers son lieu de travail muni de matériel nettoiement en chantant et en dansant. Au nombre de 250 membres dont 160 jeunes femmes, les groupes par tranches d'âge rivalisaient d'ardeur, galvanisait au soin des violons et tam-tam ceci jusqu'aux environs de 13h. Très souvent les chefs des concessions venaient se joindre aux différents groupes pour apporter leur expérience à la réalisation de certains ouvrages qui nécessitait une certaine technicité comme la pose des poutrelles au niveau des latrines. Cette ambiance festive contribuait à réaliser de grandes choses.

**Etape de Bagadadji**

Cette étape est la plus longue et certainement la plus déterminante de mon itinéraire. Elle commence à la fin des années quatre-vingt et au début des années quatre-vingt-dix. Au commencement, il y avait l'histoire d'un dépôt de pharmacie. En effet, dès l'installation de son officine pharmaceutique à Kolda, mon ami Docteur Malang DIOKOU, pharmacien à Kolda, m'avait suggéré de chercher un agrément pour l'ouverture un dépôt de pharmacie quelque part dans le département de Kolda. Quelques temps après, Docteur BOIRO notre médecin d'entreprise au CRZ, qui avait assisté à ma conversation avec le pharmacien m'informa de la possibilité d'ouvrir un dépôt à Bagadadji, chef-lieu de Communauté rurale. Pour cela, il fallait un agrément ministériel dont l'obtention nécessitait un certain nombre de démarches administratives. J'étais enchanté d'entamer celles-ci d'autant plus que ce village se trouvait sur la route de Dialambéré, où je me rendais tous les weekend end pour participer à des activités communautaires.

Deux mois après le dépôt de la demande d'agrément, le Médecin-chef du district de Kolda me convoqua à son bureau pour me délivrer l'arrêté ministériel m'autorisant d'ouvrir l'officine afin d'exercer légalement la vente de médicaments au niveau de Bagadadji. Comme dépositaire du document, je bénéficiais de l'octroi par le chef de village deux parcelles : une à usage d'habitation et l'autre pour abriter la pharmacie. Par cet acte de mise en valeur de ces terrains, je venais d'intégrer la communauté villageoise de Bagadadji où vivaient environ 300 à 400 personnes. A mon installation avec une partie de ma famille, Bagadadji était presque dépourvu de tout : infrastructures (électricité, téléphone, forage…), commerces, etc. Il y avait un seul « abri » qui tenait lieu de boutique mais où on ne pouvait même pas trouver une enveloppe pour rédiger une correspondance. Donc les conditions étaient très précaires, il fallait tout bâtir, faire venir tout de Kolda. Il n'y avait aucun des marchés hebdomadaires qui essaime la zone sauf Diaobé et Mampatim. Mon ami et grand frère, Alette Kandé se chargeait d'agrémenter mes week-end à Bagadadji en trouvant un bouc à un coût que lui seul connaissait. Je lui en donnais le montant et lui, il effectuait les corvées de dépeçage en prenant soin de prélever sa part pour sa famille et après nous partagions les repas. Je me rappelle de lui, vieux cultivateur de Missara Kanmarang auquel une relation sincère me liait : il m'a aidé à intégrer la communauté villageoise, à comprendre sa mentalité parfois sur des aspects assez pittoresques comme lorsqu'il s'agissait de renvoyer les chiens errants dont il ironisait en soutenant que ceux-ci n'iront jamais chez Alette Kandé parce qu'il n'y avait pas d'os à ronger. La morale de notre rapport se trouvait, en dépit de conditions sociales différentes, dans une relation d'estime, de respect et d'égalité mutuelle.

Néanmoins, je continuais à aller chaque dimanche à Dialambéré pour le suivi des activités dont l'avancement avait fini de faire sa propre publicité dans la zone notamment à Bagadadji. C'est dans ce sens qu'un soir, je reçus un groupe de jeunes, envoyés par différentes associations de la zone de Bagadadji. Ils étaient venus me demander des conseils dans le but d'initier des activités à l'image de celles que je menais à Dialambéré. C'est ainsi que j'eus l'idée de créer quelque chose de plus large pour partager nos différentes expériences et agir au niveau de notre circonscription administrative qu'est l'arrondissement de Dabo. Cette nouvelle structure fut baptisée *« Carrefour-Solidarité inter-villageoise de l'Arrondissement de Dabo (C.S.I.V.A.D) »*. Elle était une fusion de plusieurs unions de groupements villageois dont la mission consistait, entre autres, à faire éclore des idées, élaborer des programmes, à atténuer le phénomène de l'exode rural et enraciner des tentatives de solutions contre la pauvreté, après des années de sécheresse. Cette organisation évolua rapidement dans le temps et dans l'espace. De 26 villages en juillet 1992, date de sa création, la fédération passait à 46 puis en juillet 1994 à 64 villages en juillet 1996. La structuration épousa cette évolution en passant de 3 unions à 6 unions, avec comme souci majeur, le regroupement en aires géographiques plus rapprochées et plus homogènes. Le but de l'organisation étant l'amélioration des revenus des populations rurales concernées, particulièrement des femmes, ayant comme finalité l'autonomisation du paysannat de la zone.

Pour mieux maitriser l'évolution des différents programmes et projets, le CSIVAD, en Mars 1997, accéda à une existence légale en obtenant sa reconnaissance administrative. Deux ans plus tard cette organisation s'était mue en une organisation non gouvernementale d'envergure nationale reconnue par arrêté N°000972 en date du 12 février 1999 par le Ministère de la famille de l'époque, pour s'appeler Organisation de Formation et d'Appui au Développement en abrégé « OFAD » Nafoore qui est un mot pulaar qui signifie « Utilité ». Avant de continuer sur la longue marche de notre organisation, OFAD/Nafoore, permettez-moi de faire un retour en arrière vers 1980…

Cette année-là, le 30 novembre précisément, je convolais pour la deuxième fois en mariage. Ma nouvelle épouse prit part avec beaucoup de passion dans mes actions, on y dénotait amour, fidélité et loyauté. Elle m'a beaucoup apporté dans la conduite de mes activités d'accompagnateur dans les projets de développement et de mutualisme.

**L'épisode du forage : la lettre à Abdou Diouf**

Au moment de mon installation à Bagadadji, le plus gros souci des populations était lié à l'accès à l'eau potable. Il n'y avait aucun forage dans toute la communauté rurale. Que fallait-il faire ? La réponse a été fournie par un groupe de notables. En effet, le Président de la Communauté Rurale, Bori Seydi, le chef de village Oumar Diao, Le Directeur d'école Moulé Diba, un notable Kadang Kandé et moi Baba Koita, responsable de CSIVAD nous nous sommes concertés sur le sujet, puis nous formâmes un comité afin de rencontrer les autorités pour nous édifier sur notre éligibilité au programme national de forages ruraux conformément aux promesses du chef de l'Etat à savoir : une Communauté Rurale, un Forage.

A notre grande surprise, aussi bien au niveau de l'hydraulique, de la gouvernance (chargé du développement), qu'au Conseil Régional, nous nous entendus dire que Bagadadji ne faisait pas partie du programme en cours. Pourquoi ? Personne n'était capable de nous fournir une réponse. Il faudra attendre certainement un autre programme.

En perspective, plusieurs années d'attente. En ruminant notre amertume, nous apprîmes par les médias que le Président de la République viendrait inaugurer le barrage de Niandouba à Anambe. Il passerait inévitablement par Bagadadji. Nous nous sommes adressés au Président du Conseil Régional, pour une audience. Là, on nous a signifié l'impossibilité de le rencontrer même une seconde et pis, il ne pouvait s'arrêter à Bagadadji quel que soit l'accueil que les populations lui réserveraient. Par contre si les populations sortaient l'accueillir, il se pourrait que le cortège ralentisse, pour permettre au couple de baisser les vitres de leur voiture et saluer la population. A partir de ce constat, je me suis imaginé un scénario qui *« consistait à lui remettre notre mémo soit main à main ou bien à jeter la lettre entre ses pieds dans son véhicule au moment il baisera les vitres de sa voiture pour saluer la population de la main »*.

Ce schéma était audacieux et risqué, voire dangereux. C'était le prix à payer pour mon engagement d'être utile et disponible à ces populations qui valaient mieux que ma vie ou bien celle d'un autre.

Il fallait coûte que coûte faire parvenir au Président notre doléance sans intermédiaire. Ayant bien structuré l'idée dans ma tête, je suis allé voir mon compagnon et complice dans les actions de développement dans la zone, le Directeur d'Ecole Moulé DIBA, à qui j'ai exposé l'idée. Il m'approuva sans réserve et, mieux, se joignit à moi pour les démarches à faire. A deux nous sommes allés voir le Président de la Communauté Rurale, avec qui nous avons pris tout notre temps et notre savoir andragogique, pour expliquer les tenants et aboutissants de l'idée et surtout les risques liés à une telle opération. Après notre exposé, le Président en homme engagé au service de ses administrés a approuvé l'idée.

Pour réussir le scénario, il nous fallait une grande mobilisation et une bonne organisation. Pour ce faire, le Président convoqua un Conseil Rural extraordinaire associé à l'ensemble des chefs de village, (CV) les groupements féminins, (GPF) les associations des jeunes, (ASC) les organisations non gouvernementaux (ONG). La présence fut massive. A l'issue de la rencontre des commissions furent crées et les responsabilités partagées. Le jour « J », Bagadadji, refusait de monde. De Missirah Kamarang à Saré Kael, sur les deux côtés de la route, la population était massée, chacune personne tenait un petit drapeau national, chantant, dansant au rythme des tam-tam, tamas, violons et autres instruments sonores. Au niveau de l'axe stratégique du village, le petit comité à savoir : Président, le chef de Village, le Directeur d'école et moi-même étaient arrêtés pour accueillir le Président de la République. Vers les coups de midi, le cortège arrive sur le lieu. Voyant le nombre impressionnant de personnes, massées le long de la route, effectivement le cortège ralentira et roulera aux pas permettant au couple présidentiel, de baisser leurs vitres pour saluer la population. C'est en ce moment que Borry SEYDI, le PCR, faisant semblant de vouloir serrer la main du Président lui glissera la lettre qui tombera sous ses pieds sous les regards ahuris de Madame Elisabeth DIOUF. Moi qui avait yeux et esprit que sur le PCR, j'étais aux anges, pour n'avoir pas entendu dans la minute qui suivit un coup de feu venant des forces de l'ordre ou de sécurité. Je remerciais DIEU, d'avoir épargné la vie à mon PCR, qui innocemment souriait manifestant ainsi sa joie d'avoir réussi sa mission. Dix jours après cet accueil mémorable, nous avons reçu avec joie et bonheur, l'équipe venue foirer le puits, Notre combat avait porté ses fruits. En effet, d'après des sources dignes de foi, que le Président de la République en pleine réunion du Conseil de ministres a dit *« Si avec toute la sécurité, les populations osent glisser une lettre entre mes pieds dans mon véhicule, pour réclamer de l'eau, alors là, je demande au Ministre de l'hydraulique d'envoyer dès demain une équipe pour forer le puis et construire le château afin de satisfaire le plus tôt possible ces populations en eau qui en ont plus que besoin. »*

Cet épisode renseigne sur le fait que tout n'a pas été facile dans l'évolution du village qui bénéficie aujourd'hui, de l'eau potable, téléphone, internet, etc..... Il a fallu beaucoup de batailles intelligemment menées par des hommes et des femmes de toute condition, quelques fois anonymes dont les actions ont contribué grandement au rayonnement du village.

# XII

# Les nouveaux champs d'action

## Au Collège Coopératif de Paris

Le besoin d'aller vers ce qui serait ma vraie vocation, celle d'organiser, de sensibiliser, de former et d'accompagner mes compatriotes vers le développement auquel nous aspirions tous, naquit en moi. Personnellement, je n'ai ménagé aucun effort afin de concrétiser mon rêve. J'ai dû pour cela abandonner femmes et enfants.

Ce chemin m'a conduit au collège coopératif de Paris par l'intermédiaire d'un immigré devenu un ami, un frère Ibrahima SOW. En effet, c'est durant ses vacances1996 à Kolda, qu'il me fit part de la possibilité qu'offrait le collège Coopératif de Paris dans la validation des acquis de l'expérience des adultes. Cette idée m'a enthousiasmé sur le champ et j'y ai répondu favorablement.

C'est ainsi qu'il me mit en rapport avec un ancien du Collège, Monsieur Thierno BA[4]. Ce dernier accepta sur présentation d'une lettre de motivation, de parrainer ma candidature à ce prestigieux Collège. Après l'acceptation de celle-ci, j'introduisis une demande de disponibilité auprès de ma hiérarchie afin de, pouvoir rejoindre la France. J'obtiens ainsi un congé sans salaire de trois mois. Pour la préparation de mon voyage et de mon séjour dans la ville lumière, je sollicitai le soutien de la famille élargie. Figurez- vous qu'en bon berger, pour payer mon billet d'avion Dakar-Paris et Paris-Dakar, j'ai dû vendre une dizaine de mes vaches. Ce qui me permit de disposer d'une petite somme. Mon frère ILLA et ma nièce Assette installés à Aix en Provence, payèrent spontanément mes frais d'inscription. Ma fille Nia Aissé, qui habitait Paris m'acheta un ordinateur portable de marque Toshiba. Mon cousin Moro KOITA, étudiant à l'époque à Dijon s'est chargé de la saisie de mes travaux. Je m'en rappelle encore comme si c'était hier.

Mouhamadou Saïdou Diao, un compatriote sénégalais vivant à Paris accepta sans condition aucune de m'héberger sous son toit. Mieux, il m'offrit aussi le couvert mon séjour durant. Pour mes déplacements dans Paris, Moctar Baldé, un autre compatriote sénégalais me fournirent gracieusement un abonnement pour le métro afin que, je puisse aller faire mes cours sans grandes difficultés. Durant mes week-ends, j'étais entièrement pris en charge par mes nièces Ndèye, Marieme Ba et leurs époux. Voilà la solidarité africaine en acte ! Je ne me suis en aucun cas senti dépaysé. Cet élan de solidarité à mon égard me rappela le Fouladou, terre d'hospitalité

[4] T. Bâ, Directeur du Projet Intégré de Podor (PIT) et actuel Directeur de l'Union – Solidarité-Entre Aide (USE) une ONG basée à Dakar.

et de convivialité par excellence. Pourtant, paradoxalement, j'étais habité par une certaine nostalgie surtout que je m'attendais à tout sauf au froid glacial de Paris. En effet, toutes les conditions étaient réunies au mois d'octobre 1997, sauf en ce qui concerne le climat. Le thermomètre était très bas en cette période de l'année. Sahélien que j'étais, ce n'était pas une mince affaire. Mon combat finalement se résumait à chercher à vaincre cet obstacle auquel je m'étais habitué au bout de quelques jours.

Je serai éternellement reconnaissant envers toutes ces personnes qui m'ont apporté leur aide, et au-delà à tous les membres de la communauté du Fouladou, vivants à Paris ou ailleurs en France.

J'habitais, à la rue Condamine x Marcadet, dans le 17e arrondissement, à quelques encablures du métro Guy Môquet où je prenais chaque matin, la ligne 13 direction la gare Montparnasse, où je changeais de ligne pour reprendre la 4 et descendre à la station porte d'Orléans sur le boulevard Jourdan. Je traversais le jardin public pour aboutir sur l'immeuble qui abritait le collège coopératif au 4 étage.

Après trois mois de cours intensifs, je pus soutenir avec succès, le 27 février 1997, un mémoire portant sur une monographie intitulée « *Crédit –Epargne des populations les plus démunies au Fouladou : le cas du Carrefour –Solidarité Inter villageoise de l'Arrondissement de Dabo (CSIVAD)* ». Ce travail me donnait droit à un Certificat d'initiation à la **Recherche-Action.** Ce sésame en poche, je me suis attelé à mon inscription à l'université Paris 8 Sorbonne Nouvelle pour l'obtention du Diplôme des Hautes Etudes Sociales Pratiques (DHESP). Parallèlement à cette inscription et suite au parrainage de mon dossier par Jacques Mampel de Aide-Action pour obtenir une bourse des pays du « champ », celles destinées prioritairement aux ressortissants africains, mon tuteur Saïdou Diao et moi, avions été reçus au bureau de la vie associative du Ministère des affaires étrangères françaises afin de déposer ma requête.

Au mois de mars, nanti de mon diplôme universitaire, je rentrais au Sénégal, en vue de reprendre mes activités professionnelles d'agent Comptable à l'Institut Sénégalais Recherche Agricole (ISRA) au Centre de Recherche Zootechnique (CRZ) de KOLDA. J'étais fier de retrouver ma terre, le Fouladou. Au début du mois de mai 1997, je reçus un appel téléphonique de Monsieur HENNIN, du Ministère des affaires étrangères de France, pour m'annoncer avec bonheur que mon dossier avait reçu un avis favorable. Je pouvais maintenant me rapprocher des services de l'ambassade de France à Dakar pour la finalisation du processus d'attribution de la bourse notamment dans la définition des modalités d'étude et de séjour. Pour cela, j'optais pour des séjours alternatifs durant les deux années couvertes par la bourse : je suivais les cours magistraux en France et le reste du temps j'étais à Kolda dans ma zone d'étude.

Ce schéma me permit de me déplacer fréquemment entre le Sénégal et l'hexagone en tant que boursier de la République française. C'est dans ce cadre que, j'avais entrepris un travail d'études et de recherches sous la direction de Monsieur Jean FREYSS. Le thème était ainsi formulé: « *Promotion de la femme rurale au Fouladou : stratégies alternatives de financement, impacts et limites : cas de la banque villageoise autogérée par les femmes du groupement de Dialambéré arrondissement de Dabo, région de Kolda, Sénégal* ».

Pour finaliser et présenter ce travail, j'avais demandé et obtenu en Septembre 1998, de la direction de l'ISRA du Sénégal, une disponibilité d'une année sans salaire. Etant donné que ce délai était insuffisant, pour finir mon travail de recherches, je pris la décision de démissionner de l'institut le 1er Septembre 1999 afin de consacrer plus de temps à mes activités de recherches qui connurent leur épilogue le 28 Mars 2000 par la soutenance à l'Université de Paris 8, Sorbonne-Nouvelle, de mon mémoire de DHEPS (Diplôme des Hautes Etudes Pratiques Sociales). La séance eut lieu lors d'une après-midi de printemps, dans une salle archi-comble d'étudiants, d'amis et parents pour la plupart des africains surtout des magrébins, et d'autres communautés venus d'horizons divers. Il était seize heures (16 h) quand le jury, composé de trois Professeurs Titulaires, entra dans la salle. Ce fut pour moi un grand moment d'émotion qui m'a permis de penser à ma famille et à mes parents disparus. Cette soutenance fut un moment solennel durant lequel je présentais mon travail et répondais à toutes les questions du jury. Les membres du jury satisfaits de ma prestation et de la qualité de mon travail avaient décidé de me donner la mention TRES BIEN assortie d'un avis positif pour une candidature éventuelle en DEA ou DESS.

Après cette prestation, ma professeure Marie Lise Semblat, Présidente d'ASTER[5], avec qui je nouerai, par la suite, de fortes et positives relations humaines dont je parlerai plus bas, avait offert un cocktail à l'occasion au sein de l'Université et elle m'invita, ce jour, à un dîner dans un restaurant Algérien « KABILY » situé dans la même rue. Cette journée fut mémorable et restera à jamais gravée dans ma mémoire. Déjà en Octobre 1996, durant mes premières heures au collège, j'avais fait sa connaissance. Elle dispensait le cours sur « l'endogéniosité du

---

[5] - Je lui avais fait une forte impression par mes nombreuses questions et contributions sur le développement. Au cours de nos entrevues, je sus avec bonheur qu'elle était à la tête d'un réseau de femmes européennes rurales. Parallèlement je lui avais présenté mon organisation qui regroupait un grand réseau de femmes rurales dans la région de Kolda au Sénégal. Ainsi un partenariat fut scellé entre nos deux organisations. Elle eut à inviter OFAD à une rencontre à Cluny en Bourgogne. OFAD/Nafoore, avait délégué Mme Coumba PAM KOITA, en France pour participer à cette rencontre des femmes à l'échelle Nord- Sud. Ce fut un grand succès. En 1997, Marie-Lise Semblat, pour Actrices Sociales des Territoires Européens Ruraux (ASTER) et moi-même pour OFAD/Nafoore, nous nous sommes engagés dans un processus de partenariat qui s'est traduit par de nombreux échanges et de recherches collectives plus particulièrement axés sur la place des femmes dans le développement

développement », un concept qui se situait au cœur de mon travail et de notre expérience de développement. Il se déclinait comme étant un processus permettant à des communautés humaines d'améliorer leurs conditions de vie matérielles, intellectuelles et spirituelles, tout en préservant les ressources nécessaires à l'épanouissement des générations futures. Mon travail de recherche et mon engagement communautaire se nourrissaient de cette idée fondamentale.

# XIII
# Les banques villageoises : pratiques d'une philosophie de l'émancipation des femmes

Les différents axes majeurs de ce travail partaient du constat que l'humanité dans sa grande majorité était fondée sur un modèle de pouvoir où la femme était assujettie à l'homme. C'est pourquoi, la question du rapport au pouvoir des femmes a toujours constitué une thématique de recherches. D'où le choix de notre sujet relativement à la situation de la femme au Fouladou. Nos enquêtes ont révélé la contribution remarquable de la femme dans le relèvement des conditions de vie des familles et de la communauté dans son ensemble. Cependant, à Dialambéré, malgré les prémisses d'une réussite socioéconomique, peu de choses ont changé dans le statut social des femmes. Par expérience, elles savent que l'autonomie financière participe pour beaucoup à leur autonomie. Or, le statut d'épouse renforce le pouvoir de l'homme qui a constitué pendant longtemps un blocage important pour elles. Les femmes ne cherchent pas le pouvoir pour elles-mêmes, mais bien comme moyen d'orienter le développement vers des valeurs qui émergent de leur expérience de femmes. D'autre part, elles visent à transformer les formes même du pouvoir en redéfinissant, plutôt qu'en renversant les rapports sociaux, ce qui les amène à miser sur les connivences féminines et communautaires plutôt que sur l'affrontement et les rapports de force. L'esprit d'entreprise féminin semble indissociable du développement local. Au-delà de l'accès au pouvoir, les femmes visent par leur Banque Villageoise (B.V) leur bien-être social.

La B.V, exige des ressources et procure des bénéfices à la femme qui exerce ses responsabilités pour sa famille et pour sa communauté, si celles –ci sont valorisées. Il peut s'agir par exemple de la terre, du crédit, de l'eau, du temps, et les individus n'y accèdent pas d'une manière égalitaire. En ce qui concerne les femmes membres de la BV, qui utilisent le crédit, si elles peuvent parfois utiliser ces ressources, le plus souvent elles n'en ont pas la gestion dans le sens où elles ne participent ni à la définition de leur affectation ni à leur contrôle. Alors leur lutte consiste à réclamer plus de pouvoir. « *Le don du pouvoir* » est souvent défini comme changement d'état d'esprit de la situation « je *ne peux pas* » Une femme qui pense qu'elle ne pourra jamais détenir un pouvoir (qui se sent faible, ignorante, dépendante, victime) ne parviendra jamais à réussir, à se sortir ou sortir sa famille de la pauvreté, quel que soit l'argent ou l'assistance reçue. Ceci parce qu'elle a déjà accepté la pauvreté comme étant une réalité qui contrôle sa vie et qu'il est impossible de s'en défaire. Pour sortir cette situation d'emprisonnement, il faut appliquer une méthodologie qui fait la promotion de valeurs telles que la responsabilité, l'estime de soi, l'autosuffisance financière et qui démontrent la capacité des communautés à résoudre leurs propres problèmes. La BV étant un forum de rencontres et d'échanges à intervalles réguliers, est aussi un lieu où se discute une série de questions portant sur l'amélioration des conditions de vie des bénéficiaires. Il ne suffit pas d'inclure simplement les femmes dans des programmes déjà existants ; il faut structurer les stratégies et adapter les appuis en fonction de leurs ressources, de leurs possibilités, de leurs capacités et de leurs contraintes spécifiques. Il faut s'assurer que les actions entreprises leur apportent des qualifications utiles, augmentent leurs investissements et leurs bénéfices.

Le bilan de la concertation, des entretiens et des échanges a permis de poser les véritables jalons d'une prise de conscience révélant des aspirations qui se situent d'une part dans le fait de conserver ses acquis et son indépendance par rapport à son propre corps et à l'homme ; et d'autre part, elle vise à rompre définitivement avec le vieux monde qui est marqué par une domination et par une usure (physique) des femmes. Enfin, elles traduisent le désir de participer à la construction du développement. *« En nous associant, nous regroupons nos forces : une seule main ne ramasse pas la farine. Nous pouvons mieux travailler, appuyer des actions de notre village, réaliser nos projets, nous entraider. Les hommes n'aiment pas toujours que nous nous regroupions car nous devenons plus fortes, nous progressons disait Egué Kandé membre de la BV de Dialambéré ».* D'où l'importance des groupes ; ce sont eux qui servent de garantie au crédit par l'entraide des membres motivés par la peur de l'arbre à palabres. Sous cet arbre, une personne peut devenir héros ou subir le plus grand déshonneur parce qu'endurant le verdict populaire. C'est là où sont traduits tous qui ont adopté ce que Dominique Gentil et Yves Fournier ont appelé une solidarité « perverse » c'est-à-dire une solidarité dans le non remboursement. La palabre africaine ne dit-elle pas *« qu'un paysan peut refuser d'avaler une aiguille dans sa chambre et avaler un tronc d'arbre en public »*

La banque villageoise offrant un lieu privilégié de rencontres et d'échanges, les femmes qui ont accepté d'appartenir à la BV, saisissent cette opportunité pour renverser la tendance en participant à un processus qui leur permet de prendre part aux décisions et mettre en œuvre des actions de développement pour contrôler et partager équitablement les bénéfices.

Souvent, la femme rurale est présentée comme *« conservatrice », résistante aux innovations, désireuse de garder coutumes et traditions* (BIT-ACOPAM 1996). Si cela est vrai dans une certaine mesure, cette même femme peut constituer une véritable force de changement et de transformation dès lors qu'elle perçoit la pertinence des actions et des mutations qui s'opèrent. Des enquêtes effectuées, il ressort que ces transformations ont donné aux femmes de la B. V.

la possibilité de prendre certaines décisions. Aussi, de plus en plus, la femme revendique du temps pour cultiver son champ propre : '' *mon appartenance à la B.V., m'a donné l'alibi de convaincre mon mari de me consacrer à mon champ propre afin de maximiser la production en vue du paiement du prêt ''.( Sona MBALLO).* Elles décident d'investir une partie conséquente de leurs revenus dans des biens personnels et elles se retrouvent au sein d'organisations pour défendre leurs intérêts : '' *C'est dans les associations qu'on peut se compléter et échanger des expériences dans le travail '' (Mousou. DIALLO).*

De plus en plus, les jeunes filles, conscientes que le principal mal du siècle est le mariage précoce, trouvent dans les associations des lieux d'expressions et d'échanges leur permettant de trouver des arguments convaincants à opposer sans heurter la sensibilité de hommes : « *J'ai convaincu mon père à ne pas me marier cette année pour aider ma mère à faire du commerce dans les marchés hebdomadaires afin de payer correctement le prêt de la BV. N (Deyelle KOITA)*

Cette dynamique entrepreneuriale s'inscrit dorénavant dans la double activité : les femmes, tout en renouvelant une facette de leur socialisation, à savoir les activités agricoles, ont initié, suite à l'ouverture des BV de nouvelles formes d'activités en particulier le commerce. La pratique de ce dernier a permis à l'ensemble des habitants du village d'éviter de parcourir des kilomètres journellement afin de se ravitailler en denrées de première nécessité. En outre, le modèle d'entrepreneuriat mis en œuvre par les femmes place au premier rang de ses finalités, la satisfaction des préoccupations familiales et communautaires. « *Depuis la mise en place de la B.V., beaucoup de problèmes d'emprunts ou d'achats sont résolus dans le village, les gens sont devenus plus solidaires et les autres villages nous envient et nous respectent «. ( NDungu. KOITA chef de village)*

Les femmes membres de le B.V., enlèvent au modèle de « *développement* » sophistiqué et économiste un « *développement » qui* a pour visée première, le bien-être de l'homme. Elles sont les auteurs d'une combinaison réussie entre les logiques économique et sociale. « *La banque villageoise à améliorer considérablement ma vie en ce sens que même si je ne suis pas la première épouse, je suis invitée à donner mon point de vue sur certaines questions concernant la famille » (Egue. KANDE).*

Les femmes membres d'une B.V. sont arrivées à influer positivement le mode de gestion familiale, ce qui a rendu la prise de décision moins autoritaire, mais plutôt concertée, dans laquelle elles se retrouvent et s'identifient. Ce qu'elles ont fait n'est certainement pas une révolution, mais un pas important pour sortir les femmes des cellules domestiques et leur donner un cadre ou l'échange devient possible et permettant leur épanouissement. De Julius Nyeréré (1973), nous avons retenu la leçon suivante : « On ne développe pas l'homme, il se développe par lui-même »

Au terme de cette étude , dont la question centrale est en quoi les femmes , du point de vue de la logique de production et d' utilisation des revenus , s'inscrivent _elles consciemment ou inconsciemment dans la perspective d'un modèle de développement qui réconcilie le social et l'économique , nous avons pu mettre en relief les aspects d' actions innovantes et d'influence sur la société villageoise et interpréter les mutations sociales , économiques et culturelles intervenues depuis l'avènement des banques villageoises , ce qui a conduit à mesurer la patience et les limites de ce schéma alternatif . Cette réflexion autour des impacts et limites des stratégies alternatives de financement pour la promotion de la femme rurale au Fouladou impose d'appréhender au préalable le cadre théorique et contextuel de l'étude. La première section permis de saisir les réalités géographiques, sociologiques, et l'environnement économique du milieu. Ainsi, les résultats des investigations autorisent cinq observations.

-Les crédits octroyés par les B. V permettent aux femmes d'entreprendre des activités rémunératrices, qui résument principalement au petit commerce. Il est apparu que les B.V ont été porteuses d'une véritable dynamique professionnelle en donnant l'opportunité aux femmes de mener des activités génératrices de revenus ne relevant pas du secteur primaire.

Les femmes ont une vie associative dense qui se traduit par une adhésion simultanée à plusieurs réseaux. Ceux –ci, véritable creuset des interactions et interrelations entre les femmes se présentent comme des cadres d'expression des formes de solidarité entre les membres qui la composent. Il en résulte diverses prestations qui s'inscrivent dans la logique communautaire de la distribution et de la réciprocité.

-Les crédits ne sont principalement utilisés pour le financement d'activités économiques. Ils permettent, également aux femmes de satisfaire, au niveau familial, des besoins de survie et de financer les activités sociales (cadeaux ou dons cérémoniels, infrastructures communautaires …)

-La logique de gestion des femmes accorde une large place aux investissements socio - relationnels. Cette logique n'a pas d'incidence sur la gestion des montants alloués ni ne compromet les activés menées par les femmes.

-Les activités des femmes génèrent effectivement des revenus qui leur permettent, au –delà de l'acquisition de biens personnels, de répondre aux sollicitations familiales ou communautaires. Tout autant que la gestion des montants alloués, le mode d'utilisation des revenus adopté par les femmes privilégie, au détriment de toute velléité d'accumulation, la satisfaction des besoins sociaux. La reconnaissance de l'apport des femmes est annonciatrice d'une reconsidération voire d'une redéfinition de leur rôle et de leur position dans la société.

Au regard des résultats obtenus, nous pouvons affirmer que les hypothèses émises sont validées. En effet, les éléments ci-dessus nous autorisent à considérer que les crédits offerts par les B. V permettent aux femmes d'entreprendre des activités génératrices de revenus utilisées dans des réseaux compatibles avec la promotion de la femme. Il n'est pas exclu que d'autres variables aient été déterminantes dans la validation des hypothèses formulées.

Mais dans l'attente d'une identification de ces variables, il est important de noter que les B. V ont eu une influence positive sur la dynamique promotionnellement de la femme en milieu rural. Cette dynamique promotionnelle s'inscrit dorénavant dans plusieurs activités. Les femmes, tout en réactualisant une facette de leur socialisation, à savoir les activités, ont initié, consécutivement à l'ouverture des B.V, de nouvelles formes d'activité le commerce, en particulier.

L'avènement des B. V, au-delà des initiatives promotionnelles qu'il a contribué à mettre à jour, a conservé dans ses finalités comme dans ses mécanismes de fonctionnement, le tissu relationnel et la valorisation des réseaux. S'il en est ainsi, en cultivant le réflexe solidaire et la cohésion, sont un espace d'expressions d'échanges et les pratiques de réciprocités de services.

De même, la communauté, ou en tout cas l'idée qu'on s'en fait, offre à ses membres une assurance et une sécurité conférée par la certitude que peine, joie, et biens sont partagés par tous. Pourtant une telle exaltation de la solidarité, avec les prestations qui en résultent, rime difficilement, de prime abord, avec la mise en place d'un instrument de financement dont le souci est, à priori, la viabilité économique. La mise en œuvre du programme de crédit s'accompagne d'une kyrielle de prescriptions s'inscrivant dans l'orthodoxie du bailleur parce que guidée par l'économie de marché. Le programme de B.V., au regard des principes qui le sous –tendent et du mode de fonctionnement, est porteur, à l'endroit des femmes, d'autres schémas de réactions face à une situation donnée et partant de nouvelles conduites. Mais ,aux contraintes organisationnelles et méthodologiques , les femmes ont opposé une autre rationalité leur permettant de tirer profit des B.V sans renier la dimension sociale .En d'autres termes ,à une logique économiste et financière , les femmes ont opposé des formes de circulation de l'argent, si bien qu'elles parviennent à s'acquitter des obligations sociales sans hypothéquer les B.V dans leur offre de services .Cela se traduit par des investissements socio-relationnels qui apparaissent comme un palliatif comme les incertitudes d' une approche exclusivement financière .

En outre, le modèle d'entreprise mis en œuvre par les femmes place au premier rang de ses finalités, la satisfaction des préoccupations familiales et communautaires. La réussite s'apprécierait non pas en termes de biens accumulés, mais d'après l'importance des besoins élémentaires, immédiats et sociaux satisfaits. Les femmes réconcilient consciemment ou inconsciemment les prémisses d'un processus de « développement » avec son visage humain. Elles sont, à ce titre, les vecteurs potentiels d'un développement humain et social. « Des stratégies féminines aux femmes stratégiques »,tel peut se résumer le contexte actuel marqué par la reconnaissance de l'apport des femmes à tous les niveaux du processus de production Autrement dit, les femmes , en impulsant des initiatives créatrices et en s'activant dans divers secteurs d'activités ,sont, de proche en proche, devenues incontournables sur l'échiquier social , politique et économique .Dès lors , toute intervention en matière de « développement » peut trouver auprès des femmes les artisanes de sa réalisation. Pour ce faire, il est important qu'elles prennent compte de leur spécificité et répondre à leurs attentes.

L'approche participative expérimentée à Dialambéré mériterait d'être vulgarisée. Les associations de femmes doivent être considérées comme évoluant vers un mouvement social, dans la mesure où elles mènent des actions collectives voulues et organisées exprimant la conscience qu'elles ont de leur identité et de leurs intérêts propres. Ces mouvements atteignent des dimensions telles qu'ils ne peuvent plus évoluer de façon marginale.

Au moment, où nous rédigeons ces lignes, cette initiative novatrice et inclusive de banques villageoises a duré quatre ou cinq ans et a, par la suite, emprunté une courbe descendante du fait de personnes crapuleuses qui ont profité de quelques failles du système. Elles ont réussi à mettre à genoux le programme. En effet ce système n'avait introduit que l'alphabétisation comme outil de formation alors qu'en plus de la maitrise des opérations de numérisation, qui leurs permettaient d'effectuer leurs transactions financières en toute autonomie, il fallait aussi prendre en compte d'autres paramètres comme par exemple, la saisonnalité des produits et leur conservation. Lors du cheminement, nous avons découvert, que la plupart des femmes bénéficiaires avaient soustrait des sommes avec la complicité de leurs époux. Dès le premier financement des montants importants ont été consacrés à l'achat de denrées alimentaires destinés à la consommation familiale en prétextant pouvoir combler le trou ultérieurement avec les bénéfices à générer, ce qui malheureusement ne s'est pas produit. Ensuite les groupes de solidarité mis en place pour servir de relais d'éveil, de sensibilisation et d'entraide dans l'approvisionnement, le stockage et l'écoulement des produits n'ont pas fonctionné correctement en raison de l'individualisme qui a prévalu au moment de la fin de l'accompagnement du projet. A quelques mois du retrait de l'accompagnement, les hommes membres-bénéficiaires étaient aux abonnés absents lorsque les échéances arrivaient et pis, ils invitaient d'autres hommes à venir s'endetter qui, à leur tour, n'honoraient pas leurs engagements par la suite. Ce phénomène se répétant à chaque échéance avec un nombre de plus en plus important d'impayés, la banque finit alors par péricliter, au grand dam des braves des femmes, complices malgré elles de l'échec.

# XIV

# Retour au Sénégal

Dès mon retour au Sénégal en Avril 2000, titulaire du DHEPS, je me consacrais entièrement à mon Organisation OFAD/Nafooré. Cette période fut l'âge d'or de notre organisation paysanne. En peu de temps, l'ONG avait emprunté une courbe ascendante dont les projets se déclinaient en plusieurs volets : **Education-Formation-Alphabétisation, Mutilations Génitales Féminines, Droits Humains, Participation à la Recherche de la paix en Casamance et Microfinance.**

C'est après deux missions des représentants d'ASTER à Bagadadji en 1998 et 1999 que le projet passerelles Formation – Expérimentation pour une pédagogie de l'international au service du développement local et de l'approche genre a été conçu par OFAD/Nafoore/ASTER. Le projet fut soumis en Novembre 2001 à un panel de partenaires techniques et financiers dont la Coopération française, l'Agence Intergouvernementale de la Francophonie, la Fondation Solidarité Cistercienne (Chimay) de Belgique, le Collège coopératif de Paris, l'Université de Sorbonne Nouvelle et le Conseil Régional de Kolda. Il nous a permis de prendre en compte l'éducation dans sa globalité notamment en intégrant une approche genre pour les besoins d'une lutte contre la pauvreté et d'équilibre des rôles masculin et féminin dans une perspective de développement équitable et durable. Pour parvenir à ce résultat, il nous a fallu concevoir une stratégie pouvant aboutir à la création d'un espace/lieu ressources pour les femmes qu'on appela « BUMMBA[6] ». Ce lieu, judicieusement utilisé, pourrait être un espace d'émancipation des femmes. Il offrirait à celles-ci les moyens de s'affranchir des multiples contraintes auxquelles elles font face, d'affirmer leur identité, de prendre place dans le jeu social, politique et économique de la communauté.

De l'initiation à la mise en œuvre du projet, une citation d'une des amazones de l'association OFAD/Nafoore, Coumba Pam KOITA suffit à aisance pour démontrer la pertinence de l'action : *Après Cluny et Saint –Quentin en 1997, j'ai compris que les femmes n'avaient pas le droit de dormir ; depuis le retour : ne pas dormir, se réunir et parler pour construire. Avant le projet d'OFAD, je pensais à mes enfants et à moi. Secoué, je me projette maintenant vers le*

[6] -Rappelons que le bummba, mot d'origine mandingue est la case commune des femmes où se trouvent les lits, les canaris, les le kaggu contenant le lait à cailler. C'est un foyer (affection, chaleur maternelle), un lieu de sécurisation, un sanctuaire, un refuge pour les femmes et les enfants. C'est ici que se gardent les effets vestimentaires et les parures dans des malles ou des paniers. C'est aussi le lieu où se déroulaient les premières leçons de vie, où on apprenait un certain nombre de codes sociaux.

*futur demain. Je me demande ce que je dois faire, pas seulement aujourd'hui mais aussi demain et avec les autres.*

*On dit qu'un seul bracelet ne fait pas de bruit, mais deux bracelets font du bruit, ça veut dire l'union fait la force. Il faut agrandir l'expérience, apprendre à se débrouiller. L'importance du changement et de la mobilité, il faut élargir le cercle.*

Le 26 février 2004 a eu lieu le lancement de l'antenne Aster- Afrique. Durant trois (3) jours, six (06) membres d'Aster venus d'Europe avec l'équipe de OFAD et ses partenaires locaux se sont réunis pour un séminaire, des visites d'expériences et une occasion d'inauguration de bâtiments, d'écoles rassemblant 200 personnes venues de la région, mais aussi de la Gambie et de la Guinée Bissau. Une subtile alchimie a combiné les expressions des groupes de femmes, des discours des officiels et l'aspect festif (danses, chants, griots et griottes). Les invités avaient commencé à la veille de leur arrivée par une nuit d'animation culturelle.

**Le Projet passerelles : une initiative pédagogique originale**

C'est à l'occasion de l'inauguration du bummba que s'est tenu le premier séminaire du projet passerelles en Novembre 2005. Ce projet consistait en la validation des acquis expérientiels des agents de développement de la région. Le groupe d'étudiants au départ comprenait trente-cinq auditeurs venus de Kolda, Vélingara, Sédhiou et Ziguinchor[7] minutieusement triés sur le volet par OFAD NAFOORE.

Les intervenants locaux et étrangers s'appuyaient sur une pédagogie de valorisation des pratiques, expériences des acteurs eux-mêmes en mettant l'accent sur le croisement des apports culturels et la confrontation des pratiques des groupes concernés. L'apprenant explorait et construisait le savoir dans le cadre de son projet individuel relié au projet collectif auquel il collaborait. Il était praticien social et détenteur de savoirs liés à sa pratique antérieure et actuelle. Des méthodes pédagogiques adaptées lui permettaient de faire émerger à partir de ces savoirs et contribuer ainsi à la validation de son expérience. Cette formation s'inscrivait dans un cycle qui durait quatre années. La première étape fut celle du certificat d'initiative locale dénommé CIL. Cette première étape a été un succès dans la mesure où tous les étudiants ont pu valider leur autographie résonnée (ABR) leur permettant ainsi de décrocher le certificat d'initiative locale dénommé (CIL). Mme Salimatou SABALY, une étudiante de la cohorte, résume bien son vécu de la formation: *« De novembre 2005 à Novembre 2006, jour pour jour la nouvelle page de mon histoire s'est enrichie d'un capital important au plan professionnel et individuel. Cela est le résultat de la formation entreprise avec ASTER International et le Collège Coopératif de Paris dans le cadre du programme « Genre et Développement » avec notre ONG OFAD NAFOORE. Les thématiques abordées et la méthodologie déployée nous ont permis d'acquérir des connaissances et des compétences en recherche-action mais surtout de mieux appréhender les réalités du milieu.*

*Parmi ces thématiques nous pouvons citer : les mutations sociétales, Genre, développement et typologie du développement ; il s'y ajoute les ateliers méthodologiques qui ont permis d'améliorer considérablement notre style d'écriture et de maintenir en nous un esprit vivant, critique et coopératif. Cette formation a fait de moi un acteur/chercheur c'est ce qui explique qu'au plan professionnel et plus précisément dans l'exécution de mes activités de terrain j'essaie de mon mieux d'analyser la situation car l'évidence ne fait plus partie de mon vocabulaire* » (S. Sabaly, 2006)

*Figure 1: Premier regroupement à Bagadadji, région de Kolda. SENEGAl.*

Malheureusement l'aventure s'est arrêtée à cette étape pour la majorité des étudiants pour cause de non validation des acquis de l'expérience (VAE). Avant d'aborder la formation du DHEPS, il aurait fallu d'abord passer par cette étape de soutenance des dossiers de recherche constitués de la compilation critique des acquis de l'expérience. C'est ce que certains n'ont pas pu faire. Finalement seuls quatorze d'entre eux ont pu continuer le cycle DHEPS (41,17%). Pour ceux-là, chacun est assisté d'un tuteur local et d'un directeur de recherche sur un sujet d'étude en rapport, le plus souvent, avec son domaine professionnel. La soutenance sur dossiers était axée sur la présentation du contexte environnemental de la recherche, la construction de la problématique, la présentation de la démarche méthodologique, la présentation des données et des résultats partiels, le résultat du croisement des données recueillies et des lectures et une présentation d'un projet d'intervention sociale. Comme acteurs-chercheurs qu'ils étaient devenus, ils commençaient à se rendre compte des immenses progrès enregistrés grâce à un accompagnement pédagogique efficace. Les soutenances eurent lieu dans la grande salle de réunion de la maison de la femme « BUUMBA » sous l'autorité scientifique de Pierre-Marie Mesnier, responsable du master à Paris III Sorbonne Nouvelle, assisté des professeurs d'université Mehdi Farzad, Directeur du CCP et Marie-Lise Semblat Présidente d'ASTER.
Ainsi du 4 au 6 Février 2009, sept étudiants (20% de la cohorte) ont pu valider avec succès leurs mémoires avec des mentions *bien* et *très bien*. Il s'agissait de Salimatou SABALY, Ibrahima BALDE, Alpha KOITA, Seydou SANE, Thierno Samba DIAO, Oulèye BA et Ibrahima MANE. Cette formation leur a ouvert de nouvelles perspectives de carrière et permis à chacun en ce qui le concerne dans son domaine professionnel à des échelons élevés. La plupart ont pu se valoriser intellectuellement, professionnellement et socialement ; l'ONG a acquis une aura avec cette expérience d « université sous les manguiers »
OFAD NAFOORE a fait, ainsi, une expérience novatrice dans le cadre de la reprise d'études et de la formation à distance. Cette expérience a naturellement rencontré des difficultés et contraintes au vu du taux d'achèvement du parcours qui était de 20%. Parmi ces difficultés et contraintes, il faut mentionner d'une part le niveau élevé de la formation par rapport à celui de certains participants qui n'avaient pas dépassé le cycle primaire et d'autre part le manque de temps à consacrer à la recherche, aux écrits et aux regroupements effectifs difficilement conciliable avec le travail professionnel de certains. Dans ce lot des contraintes, il faut ajouter la fracture numérique. En effet, à l'époque, seule la 2G encore en phase test était disponible dans la zone. En plus certains apprenants avaient également une faible maîtrise de l'outil informatique, ce qui constituait un handicap majeur à la recherche. En ce qui concerne les atouts et opportunités, on peut dire que la gratuité et la prise en charge par le projet de tous les frais

de formation même ceux afférents aux regroupements délocalisés à Dakar par Danielle Fournier Présidente de Relais femmes (QuébecCanada) ont contribué grandement à la réussite de l'opération.

L'autre aspect à prendre en compte fut l'option de déplacer les facilitateurs depuis la France et de maintenir le site de formation et soutenance à Bagadadji. Cela a permis de limiter pour beaucoup les frais de transport et de prise en charge des participants. Avec le recul, on se rend compte de l'ampleur de la formidable opportunité dont ont bénéficié les étudiants de cette promotion.

Par ailleurs, il faut le souligner avec force, et en les remerciant, que cette formation à distance n'a été rendue possible que grâce à la vision, au leadership et à l'engagement volontariste de certaines personnes [8]. Elles ont été au cœur de cette « université sous les manguiers » qui a servi d'école. Justement OFAD/Nafoore, fort de cette belle expérience, a conçu un projet similaire en 2017, avec comme socle, une expérience basée essentiellement sur un financement endogène. Il s'agissait en faisant participer d'abord les apprenants eux – mêmes, ensuite à les faire soutenir par plusieurs institutions locales: les Conseils Départementaux de Kolda, de Médina Yoro Foulah, de Vélingara, et plus tard la Chambre de Commerce de Kolda. L'accompagnement était du ressort Initiative Prospective Agricole et Rurale (IPAR) et la validation par le Collège Coopératif de Paris et l'Université Marc Bloch de Strasbourg de France. Cette expérience était en cohérence avec l'objectif de renforcement du capital humain visé par les documents référentiels des autorités étatiques du Sénégal en matière de politique de développement. Pour sa mise en œuvre, OFAD/Nafoore a démarché et a pu obtenir le consentement des partenaires précités.

Ce schéma était pertinent aux yeux d'OFAD/Nafoore d'autant plus que le tiers des candidats auditeurs étaient des conseillers départementaux, municipaux donc directement concernés par le développement local. Je présumais déjà naïvement que le caractère innovateur du projet devait avoir immédiatement l'adhésion de la majorité des conseillers et des autorités en place puisqu'il s'agissait d'investir des thématiques prioritaires en lien avec les objectifs de développement local et d'enrichir la base de données de nos territoires généralement dépourvus en documentation.

[8]- Il convient de citer : Feue Mme Marie Lise Semblat Présidente d'ASTER International, Mehdi Farzad, Directeur du Collège Coopératif de Paris (CCP), Thierno BA Président de USE Centre BOPP de Dakar, Feue Jocelyne Gendrin-Guinebault Coordinatrice projet Passerelles pour ASTER International, Jean-Christophe Leforestier Enseignant chercheur au CCP, Danielle Fournier Présidente de Relais femmes (Québec _ Canada), Malini SUMPUTH Enseignant chercheur, Zecca MARINE Professeur d'université, Adama FAYE, chercheur IPAR, Omar Cissé Ministère Microfinance, Oumar Diallo ONG Sahel 3000. Toutes ces personnes et bien d'autres ont contribué grandement à l'aboutissement heureux de cette fabuleuse aventure

Les inscriptions ouvertes au mois d'octobre 2017, par OFAD/Nafoore ont été validées par la direction du Collège Coopératif de Paris au nombre de 45 dossiers, qui se sont entièrement acquittés de leurs frais d'inscriptions.

Le Comité restreint du Conseil d'Administration de OFAD/Nafoore a décidé d'anticiper par la mise en place du projet sur financement propre en complétant par les frais d'inscriptions des étudiants et la participation personnelle de Diawando Barry, Président du Conseil départemental de Vélingara, en tant que fils de la région. Cette cagnotte a permis de faire venir le Collège Coopératif de Paris et quelques partenaires nationaux à partir de Dakar afin de lancer le projet et tenir la première session de formation, fixer pour la plupart des étudiants leurs sujets de mémoire.

C'est après cette rencontre qui avait créée tant d'espoir et d'enthousiasme aussi bien au niveau des étudiants que de l'encadrement / validation, que le projet commença à piétiner et à tomber en léthargie, malgré le suivi très rapproché de OFAD/Nafoore. En juin 2020, aucune collectivité locale ne s'était malheureusement manifestée pour honorer ses engagements. Néanmoins mon optimisme resta intact dans l'espoir de rencontrer un mécène ou un organisme national disposé à soutenir ce projet novateur et important pour fournir à la région de Kolda souffrant de déficit de ressources humaines de qualité.

# XV
# Acteurs ruraux : construction d'actions à partir de réflexions partagées

OFAD/Nafoore comme organisation communautaire s'est engagée résolument dans un processus de valorisation des ressources humaines locales en partenariat avec l'Université de Cluny en Bourgogne et la Fédération Nationale des Foyers Ruraux de France (FNFR) afin de créer une expertise. C'est dans ce sens que OFAD/Nafoore a réuni plus de 70 personnes à Bagadadji, les 15,16 et 17 décembre 2009 en lançant le « processus » d'Université Rurale au Sénégal baptisée « SEWNDE GANNDAL[9] ». Notre option reposait sur un postulat fondamental : créer des espaces de rencontre afin des faire des acteurs locaux les experts de leur processus de mutation. Pour nous, il s'agissait d'organiser des sessions de formation ouverts aux savoirs les plus actuels dans cette zone rurale, d'initier des espaces de dialogues et de débats qui suscitent la prise de paroles des acteurs ruraux et de s'inscrire en droite ligne du propos pertinent de Paulo Freire : *« Personne n'éduque autrui, personne ne s'éduque seul, les hommes s'éduquent ensemble par l'intermédiaire du monde »*. Ce processus repose sur le principe d'un échange d'expériences, de mutualisation des connaissances pour faire des population les leviers de leur propre développement. C'est ainsi que nous avons rejoint le réseau des Universités Rurales existant en France, en Europe, au Québec et dans l'Océan Indien. L'Université Rurale est comprise comme une proposition faite aux acteurs ruraux pour croiser les savoirs. Elle est un laboratoire d'idées construit dans une démarche participative et inclusive qui invite les participants à déboucher sur des projets d'actions. C'est la mise en forme du nécessaire dialogue entre la théorie et la pratique, entre réflexion et action. De là résulte l'organisation en Octobre 2010 à Bagadadji d'une rencontre sur le Thème *: les acteurs ruraux face aux objectifs du millénaire, « mobilisons-nous pour nos conditions de vie ».* Nous avons enregistré à cette occasion la présence de plus de 300 personnes venues de toutes les contrées du Fouladou et de France. Pendant quatre jours, nous avons dialogué et construit de nouvelles alternatives pour le développement de nos territoires ruraux. Il s'agissait pour nous de développer l'esprit critique, partager les analyses, exister dans l'espace public, s'intégrer plus encore à la diversité croissante du monde rural et à ses questionnements. On peut dire qu'à cette question du croisement des savoirs s'ajoute le croisement des cultures afin de tisser des liens de solidarité avec les communautés rurales internationales. Car les questions posées appelleront immanquablement des solutions aptes à transformer la région de Kolda, mais aussi sur les territoires ruraux des

9 - Source du savoir en Pular

différents participants. Bref notre conception du développement local repose sur un axiome : construire des actions à partir des réflexions partagées. L'Université Rurale, nous a permis d'appréhender le quotidien de la réalité rurale dans une perspective de développement au travers d'une approche mutualiste des connaissances, de croisement des savoirs et de savoir-faire, de confrontation des initiatives afin de provoquer une réflexion collective au service de l'action commune.

Un diagnostic partagé a été formulé à l'issue de la session par les Acteurs de la vie rurale, les responsables associatifs, les élus et agents du service public, les animateurs et les apprenants de l'enseignement technique et agricole, les personnalités du monde universitaire et les experts locaux, nationaux et internationaux. Pour cela, il a fallu repérer des initiatives en analysant les questions de la parité et de la gouvernance et, à partir des questionnements déjà formulés, interroger les solutions et réfléchir sur des hypothèses de travail à long terme. Diverses thématiques ont fait l'objet de débats soutenus : les Nouveaux défis Environnementaux, la Santé Communautaire, la Sécurité Alimentaire, la Formation et l'Education. Ainsi, la recommandation principale, issue de cette première université territoriale rurale du Sénégal, concernait la critique des mentalités et le changement de comportement. Pour parvenir à ce changement et améliorer les indicateurs en matière de développement dans cette contrée du Fouladou, les acteurs ruraux ont proposé d'agir sur des leviers comme la formation, l'éducation et la communication.

OFAD
NAFOORE
CONSENSUS SOCIAL POUR LA PROM
DE LA SANTE DE LA FEMM
SALIKEGNE, SAMEDI LE 21 AVRIL 2007

# XVI

# L'alphabétisation, volet important de l'engagement Communautaire

L'ONG OFAD/Nafoore, qui résulte de l'idée directrice de l'Association des jeunes de Dialambéré à savoir faire du développement une action par et pour les populations, a bâti l'essentiel de son programme d'activités sur l'alphabétisation et les écoles communautaires de base. La mise en œuvre de cette action de développement endogène repose sur une volonté d'éradication de l'analphabétisme à travers une politique générale et des plans d'actions qui viennent s'ajouter et / ou appuyer les efforts des organisations de la société civile, des ONG, des collectivités locales et des communautés.

## A- L'alphabétisation fonctionnelle : un axe fondamental du changement social

En 1992- 1993 Ofad/Nafoore a fait l'objet d'un diagnostic institutionnel réalisé par le Catholic Reliefs Service. Les deux organisations étaient convenues de mettre en place un projet de développement dans la zone d'intervention de Ofad/Nafoore, pour contribuer à l'amélioration des conditions de vie des populations, en mettant en priorité la participation des femmes. Ce projet s'articulait autour des banques villageoises, céréalières, maraîchères et l'élevage des caprins (chèvreries), avec comme axe transversal l'alphabétisation. Ce projet CRS-OFAD a démarré en 1994 par l'ouverture de 20 classes à raison de 30 apprenants pour une majorité de femmes. La durée d'une cohorte était de deux (2) ans. L'objectif du projet était de renforcer les capacités des membres, des organisations communautaires en gestion administrative et financière. Son crédo se fondait sur la lutte contre l'analphabétisme et pour l'amélioration des conditions de vie des populations. Les bénéficiaires étaient les membres des Unions villageoises dont le programme portait sur des thèmes fonctionnels se rapportant aux unités de productions telles que le maraîchage, l'élevage, les banques villageoises et les banques céréalières. A l'issue des deux années d'apprentissage, les trois quarts des apprenants n'avaient pas une bonne maîtrise : de l'écriture, de la lecture et du calcul pour pouvoir utiliser les outils de gestion et rédiger des notes. Ce résultat médiocre était dû à plusieurs facteurs dont, entre autres, l'indisponibilité des outils de consolidation (œuvres littéraires, manuels riches en contenus, formation continue sur des thématiques liées à leurs activités etc.) d'une part et d'autre part au quantum horaire en deçà des normes andragogiques. (1h par jour et 3 jours dans la semaine), à cause de la surcharge des travaux domestiques des femmes. Ces facteurs avaient conduit la plupart d'entre elles au désapprentissage c'est-à-dire à l'oubli de ce qu'elles avaient appris après la fin du projet. Quel dommage !!!

**B- Alphabétisation Priorité Femmes : un autre départ.**

Au cours de la deuxième année de mise en œuvre du projet d'alphabétisation financé par le CRS, OFAD avait soumis une requête de financement au niveau de l'Etat intitulée: **Projet Alphabétisation Priorité Femmes (PAPF).** Le PAPF visait à éradiquer l'analphabétisme, améliorer la santé de la reproduction, à éveiller les consciences (droits humains) et enfin à renforcer les capacités en organisation et en gestion des Communautés de base. Il s'intéressait aux adultes en priorité aux femmes.

Entre 1995 à 2004 avec les ONG et OCB, le projet s'est appuyé sur la pédagogie du faire –faire.. Il a duré dix ans et a bénéficié de l'accompagnement de pédagogues aguerris (inspecteurs de l'enseignement, enseignants). Il a permis à des auditrices issues de ces classes de devenir des monitrices d'alphabétisations, des matrones, des agents de santé communautaires (ASC), des relais dans des structures communautaires (ABP), des secrétaires dans les OCB, des conseillers ruraux, en un mot des leaders communautaires éveillés. En reconnaissance du travail abattu par les agents de Ofad/Nafoore, l'organisation fut désignée meilleure opératrice en alphabétisation de la région de Kolda en 1996. C'est dans ce contexte que OFAD/Nafoore a ouvert quatre-vingt centres d'apprentissage pour une population de 2400 apprenants, afin de les aider à améliorer leur environnement lettré et maintenir leurs acquis. Pour ce faire, OFAD/Nafoore n'a pas lésiné sur les moyens humains et financiers pour produire des manuels se rapportant aux activités des apprenantes. Ce fut un beau projet et une belle réussite au bénéfice des populations.

**C- Des Ecoles Communautaires de Base**

Le Programme d'Appui au Plan d'Action (PAPA) quant à lui était venu appuyer le formel en vue de résorber le surplus de la demande de scolarisation non satisfaite par l'Etat. Il proposait un modèle dit « alternatif » consistant à ouvrir des centres là où il n'y a pas d'école pour prendre en charge non seulement les enfants qui n'avaient jamais été inscrits mais aussi ceux qui avaient abandonné l'école. Donc la cible bénéficiaire de cette nouvelle école était âgée entre 09 et 15 ans. Ce modèle pratiquait la politique du faire-faire entre 1995à 2004. C'est dans ce cadre qu'OFAD/Nafoore, a conduit pendant 8 ans deux cohortes de 4ans pour 5 centres de 30 apprenants. Tout le système d'apprentissage était conçu par le PAPA, et OFAD/Nafoore, avec un cahier de charges bien précis, chercha à appliquer sur le terrain, les recommandations du Projet. Des évaluations périodiques étaient menées par les agents du Projet. OFAD/Nafoore, en tant qu'opérateur n'avait pas les mains libres pour adapter quoi que ce soit sans se référer au PAPA, les populations encore moins puisque leurs préoccupations n'étaient pas prises en compte. Cette expérience mitigée a été à l'origine de notre requête auprès du bureau d'appui à la coopération suisse pour l'accompagnement dans un projet inclusif et participatif. C'est ce projet qui a pris la forme de l'Ecole du village.

**C-2 - Les Ecoles Communautaires de Base ou L'Ecole du Village**

Ce concept d'école correspondait à un réel besoin de notre communauté qui souvent faisait face à une pénurie de main d'œuvre qualifiée : nous souffrions du manque de maintenance de nos équipements agricoles. Là aussi, les circonstances installation de l'école du village dans notre zone participent de ces hasards historiques qui font coïncider les difficultés et leurs solutions. En effet, en Mai 1999, lors d'une mission (constituée Philippe Fayet, Adama Faye et Alain Mbaye) du Bureau d'Appui à la Coopération Suisse à OFAD fut examinée la possibilité de nouer un partenariat dans le cadre de la formation agricole des jeunes. Dès l'entame des discussions, j'ai tenu à dire que nous étions fortement intéressés par des formations en adéquation avec les préoccupations des populations. A titre illustratif, j'ai raconté l'histoire de mon cousin Koundié Diallo, grand producteur habitant Thiewal Lao (village à une vingtaine de Kilomètres de Dabo, chef-lieu administratif de la zone sur la route nationale n°6). Je la racontais ainsi : « Le 15 Juin 1998, *durant toute la nuit, la pluie était tombée avec des fortes précipitations. On entendait partout et de loin le coassement des grenouilles et crapauds annonçant l'hivernage. A l'aube, après l'accomplissement de ses obligations religieuses, Koundié allait réveiller son jeune frère Maodo Bouya, pour aller au troupeau chercher les animaux de trait. Ensuite il sortait le matériel agricole qui se trouvait sous la véranda de sa case : semoir, houe sine, et leurs accessoires. Après il allait à la case grenier pour chercher les semences de céréales (petit mil, mais, sorgho) dans des calebasses remplies. Dès que les animaux arrivaient, Maodo Bouya rapprochait la charrette pour atteler les animaux et ranger tout ce qui allait être transporté à savoir : matériel, semences, des gourdes à eau. Maodo Bouya montait sur la charrette et lui suivait derrière, à vélo, en direction des champs. Après une heure de route, ils arrivaient au champ. Ils descendaient matériel et bagages de la charrette. Il était presque 7h 30mm, le jour arrivait à grands pas. Ils se hâtaient afin de profiter de la fraicheur matinale pour commencer à travailler. Ils attelaient le semoir et le remplissait de graines de mil. Puis les animaux tiraient. Koundié était tout heureux d'avoir commencé sa saison dès le premier jour des pluies.*

*Ce jour-là tout se passa bien jusqu'au coup de 10h. C'est à ce moment qu'une vilaine souche d'arbre, brisa un écrou du semoir qui reliait la petite roue au récipient. Tout le contenu du mil se versa sur le sol. Lui et son frère furent ébahis et malheureusement il n'y avait ni pièce de rechange ni soudeur à Dabo encore moins au village. Il fallait aller souder ou la faire remplacer en moulant un boulon semblable à Kolda qui se trouve à 70km. Furieux, Koundié revint au village pour se préparer à aller à Dabo ensuite à Kolda. A peine, a -t-il pris quelques cuillères de lait caillée et de la bouillie, il se remit sur la charrette amenant le semoir avec lui à Dabo, qu'il rejoignit vers 16h tellement la route était mauvaise et avec beaucoup flaques d'eau tombée la veille. Arrivé à Dabo, il alla chez sa tante, une dame d'un âge avancé habitant seule avec une adolescente. Il confia la charrette et les deux animaux de trait qui pèsent chacun au moins 300 à 400kgs attachés au tronc d'un manguier avec des cordes de 100frs. Il y avait une grande disproportion entre l'envergure des animaux et la fragilité de la corde dénotant une certaine insouciance.*

*Pour rejoindre la gare routière, il se fit aider par des connaissances, pour transporter le semoir. Là, il trouva une voiture qui ne prendra départ qu'aux environs de 18h pour Kolda. Avec les montées et descentes des clients, le véhicule n'arrivera vers 20h à destination. Il descendit avec son colis au niveau de l'église un peu avant le pont Abdoul Diallo où exercent la plupart des forgerons de la ville spécialiste dans la fonte et le moulage des pièces agricoles et des moulins. Il confia au gardien du lieu son matériel, pour rejoindre son tuteur qui n'est autre que son oncle paternel qui habite le quartier Sikilo- Hilelle, qui est distant de là où il est descendu d'au moins 2km. Il arrive après vingt une heure, au moment où sa famille d'accueil, s'apprêtait à rejoindre le lit. Son oncle fit découcher son grand garçon, pour permettre à son hôte de s'allonger un peu. Koundié, se fait servir un peu d'eau pour tromper sa faim et de dormir sous une vieille moustiquaire, trouée de toute part, créant ainsi des boulevards pour les moustiques. Koundié, à cause de ces bestioles, n'a pu fermer l'œil. C'est pourquoi il a été le premier arrivé sous le pont vers 6h du matin et premier client du jour. Donc son boulon cassé, a été fondu et moulé et remonté au semoir vers midi. Il reprendra la route pour Dabo, qu'il atteindra vers 16h. Là encore, une grosse déconvenue attendait mon cousin Koundié, les animaux qui n'avaient ni aliments ni eau sur place, avaient coupé les cordes et partis en brousse pour paître. Koundié ne les retrouvera qu'après une heure de recherche et prendra la route pour arriver chez lui vers 22heures. »* Je concluais en disant que cette histoire n'était pas isolée et que pour un boulon cassé, mon cousin Koundié a perdu du temps, (48 H voire 36h), de l'argent, de la fatigue et de la maladie parce que il tombera maladie quelques jours après, de paludisme à cause des moustiques de l'autre nuit à Kolda. Ainsi, il aurait suffi d'une formation sommaire et d'un équipement léger pour pallier de tels désagréments. Ce sont ces types de formation dont nous avons besoin pour transformer nos terroirs. Au total, l'idée de créer ces écoles du village émanait de ces besoins de disposer d'un minimum de ressources humaines pouvant répondre à des nécessités domestiques (réparation de charrues, rapiéçage d'habits, amélioration du cadre de vie…). Il s'agissait également de créer les conditions d'une insertion de jeunes ruraux par la formation dans le milieu en favorisant au mieux la redécouverte des valeurs locales et l'initiation d'activités économiques dans notre région la plus pauvre et la moins valorisée du pays mais potentiellement très riche (pépiniéristes, techniciens agricoles et d'élevage…). Ce programme sur financement du Bureau d'Appui à la Coopération Suisse visait à apporter plus d'innovation dans la région. En effet, on voulait des ECB un instrument d'éducation de base et de formation des acteurs pour la promotion d'une agriculture moderne et pour l'émergence de métiers adaptés au contexte local. Il visait des jeunes âgés de 9 à 15 ans analphabètes ou qui ont très tôt abandonné l'école formelle. La formation durait cinq (5) années en offrant des possibilités d'accès à la formation professionnelle ou au retour dans le système formel par le biais d'examens et de concours. Il s'agissait spécifiquement de :

- Développer et systématiser un modèle d'école communautaire de base combinant les options passerelle et insertion dans des métiers agricoles,
- Contribuer à la mise place d'un cadre d'initiation et de formation à des métiers agricoles et non agricoles
- Initier et consolider un mécanisme d'implication et de participation des collectivités locales et des communautés de base dans la gestion des activités d'éducation non formelle.

L'approche retenue s'articulait autour des points suivants :

- amener, en deux années, les apprenants à maîtriser les connaissances de base dans l'apprentissage de la langue Pular (comme objet et médium) et introduire les thèmes fonctionnels liés à l'éducation, à la citoyenneté et à la santé.
- introduire en troisième année, le français et l'enseignement des corps de métier pouvant être exercés sur place et souhaités par la communauté.
- orienter, à partir de la quatrième année, au moins 75% des apprenants dans les centres de formation professionnelle existants de la région.
- encourager les enfants en âge d'y accéder (10 – 13 ans), à fréquenter, pendant deux années, une classe passerelle leur permettant d'accéder au système d'éducation formelle notamment en se présentant aux examens et concours prévus à cet effet (CFEE, entrée en sixième).

En somme, dix écoles furent créées lors de la mise en place de la première phase du programme dans dix villages choisis dans l'arrondissement de Dabo où l'accès au système d'éducation classique restait très limité. Plus de 300 jeunes ruraux (filles et garçons) de la tranche d'âge ciblée ont été inscrits dès la première année. Les données recueillies indiquent une bonne fréquentation des ECB. Sur trois années de formation, les effectifs ont sensiblement évolué affectant plus les garçons (taux d'abandon de 37,8%) que les filles dont (25,7%) des effectifs de départ ont abandonné. L'essentiel des abandons ont été observés entre la première et la deuxième année avec 35,3% pour les garçons et 18,2% pour les filles. Mais en général, à quelques exceptions près, les effectifs se sont stabilisés dès la deuxième année aussi bien chez les filles que chez les garçons. L'adaptation du programme au contexte local et le suivi permanent des comités de gestion ont largement contribué à la mobilisation des apprenants. A cela s'ajoutait le climat d'apprentissage jugé favorable caractérisé par un bon esprit de groupe et des liens de solidarité très forts. Les contraintes relevées à ce niveau sont relatives aux maladies fréquentes et aux nombreuses cérémonies familiales.

*Un groupe d'apprenants d'une Ecole de Village*

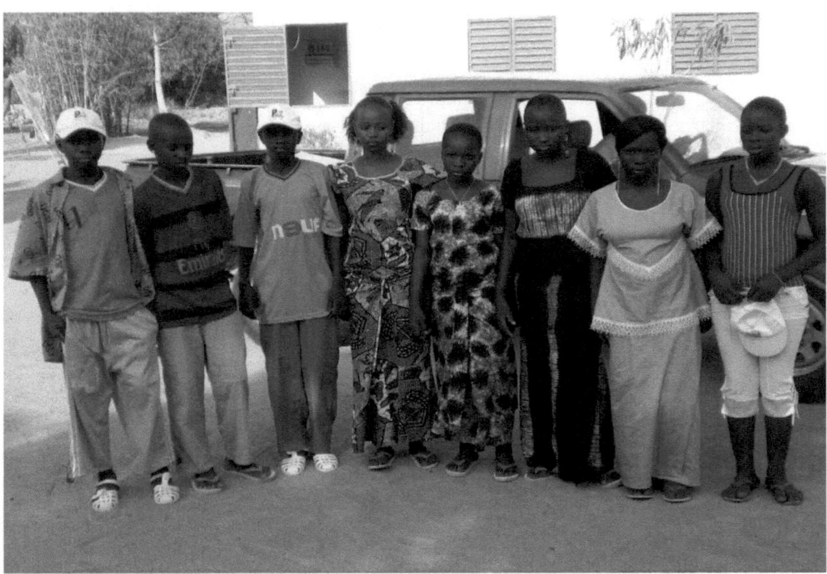

Une classe passerelle crée en 2002 a permis d'enregistrer des résultats appréciables. Les élèves de cette cohorte ont subi deux années de formation : CM1 et CM2. Sur les vingt-deux treize ont participé aux examens du CFEE et au concours d'entrée en sixième. Douze candidats sur les 13

présentés ont réussi au concours d'entrée en sixième et passé avec succès leur CFEE. Avec en sus le titre de premier du centre de Dabo.

Le volet formation aux métiers a enregistré des résultats variables. Les premiers métiers retenus, pour répondre aux préoccupations des populations étaient essentiellement non agricoles : menuiserie ébéniste, menuiserie métallique, mécanique auto, soudure, couture, coiffure, broderie…. Aux yeux des populations, la formation de leurs enfants dans différents métiers pouvait contribuer à créer des emplois utiles à leurs villages et à améliorer leurs revenus familiaux. De ce point de vue, ces métiers apparaissaient comme un soutien à l'agriculture qui nécessite des moyens lourds. Les choix faits par certaines filles qui avaient opté pour des métiers généralement ''masculins'' était assez révélateur du changement de paradigme qui s'opérait dans le milieu. Ceci a été noté particulièrement pour la maçonnerie où leurs effectifs étaient plus importants que ceux des garçons.

Le Centre Régional de Formation Professionnelle (CRFP) avait accepté de collaborer avec l'OFAD à titre expérimental, les élèves issus des ECB, une soixantaine, suivirent une formation qualifiante dans différents corps de métiers. Les formateurs du CRFP reconnurent chez les apprenants une grande volonté de découvrir les métiers proposés (menuiserie, construction métallique, mécanique auto). Les sortants de ce centre se sont installés aujourd'hui comme prévu dans différentes zones. Ces écoles du village ont permis aux jeunes de s'insérer dans les activités économiques de notre région en exploitant les opportunités réelles qu'elle offrait dans le domaine de l'économie rurale. Cette initiative s'inscrivait dans une vision prospective de transformation et de modernisation des exploitations agricoles familiales. La synthèse des pratiques et le classement des savoirs ou savoir-faire (endogènes ou empruntés) véhiculés à travers le programme renseignent sur la diversité des champs de savoirs mais également de la pertinence des sujets abordés par rapport au contexte local.

Notre ECB de ce point de vue opérait des ruptures en introduisant des innovations qui la distinguaient, à bien des égards, des autres types d'école. Tout en ouvrant une marge de liberté et d'initiatives en fonction du contexte et des réalités locales dont elle s'efforçait d'épouser les contours, sa mise en œuvre n'en demeurait pas moins un processus normé, respectant des étapes, se référant à la démarche de mise en œuvre d'un projet éducatif. Nous avons eu conscience que l'acceptation sociale était un facteur déterminant dans le succès des initiatives qui se développaient dans des contextes locaux. Pour cette expérience, les regards portés par les différents pools édifiaient largement sur la perception positive sur ce type d'école. Les raisons avancées pour justifier la pertinence de ce modèle d'école se rapportaient, d'une part à la forme d'intervention, et d'autre part aux perspectives offertes. Les apprenants étaient impliqués activement dans la vie de l'école. C'est une approche qui favorisait la participation (non directive), l'utilisation de la langue locale et ainsi que l'appropriation du modèle. La rupture entre la famille et l'école n'était pas ressentie. Il n'y avait ni grève, ni châtiments corporels, ni exclusion. Ce modèle éducatif renforçait la cohésion, l'entente et la solidarité. La gratuité des fournitures et la mise en place des cantines scolaires étaient salutaires dans un contexte où les conditions de vie étaient difficiles, exacerbées par la crise de la production vivrière. Cette démarche, positivement appréciée, entrainait l'adhésion repérable à travers le faible taux d'abandon ou d'absentéisme. Elle était source de consolidation de la relation de confiance entre l'école et les populations.

Pour donner du sens et coller au concept « école du milieu, par le milieu et pour le milieu », nous avions fourni beaucoup d'efforts pour assumer notre responsabilité. Les assemblées villageoises et les comités de gestion avaient servi de cadre de dialogue, de concertation et d'exercice de la responsabilité collective. Le programme avait été un processus de co-construction avec les populations qui furent au centre de l'action. Ceci rompait avec ce qui se faisait dans d'autres programmes, qui se révélèrent être plutôt une validation avec les populations d'un modèle préfabriqué.

Dans notre vision, l'école est conçue pour être utile à tous, c'est-à-dire pour prendre en charge toutes les préoccupations. Aucune option n'est privilégiée *a priori*. Elle donne à chaque apprenant les clés de découverte, de lecture de son environnement économique, social et culturel immédiat. Il n'y a donc pas de place à l'exclusion qui fait fréquemment référence à un cadre normatif s'imposant aux bénéficiaires, souvent source de résistance ou de rejet.

L'utilisation de la langue locale comme medium et objet, fut une démarche ayant favorisé une meilleure communion de l'enfant avec son environnement immédiat en lui ouvrant des opportunités. La mobilisation de la communauté autour de l'école avait été autant de caractéristiques des ECB. Un défi majeur consista à créer les conditions d'une capture effective de ces aspects innovants afin d'enrichir et restructurer l'école publique.

L'examen de notre stratégie de mise en œuvre du programme nous permit de mieux saisir les déterminants de succès du programme. La mobilisation d'un financement extérieur soutenu durant près d'une décennie avait fortement contribué à sa réalisation. Par ailleurs, le contexte d'émergence d'OFAD, son ancrage local, source de légitimité et de confiance, participa à peser largement sur la motivation et l'implication active des populations dans les initiatives.

A cela s'ajoutait la convergence de vues sur la pertinence de ce type d'école (dont les contenus et les valeurs véhiculés sont socialement acceptés) dans un contexte où l'offre éducative formelle est restée limitée. La souplesse, le caractère ouvert du processus d'apprentissage dans nos ECB et la diversification des perspectives offertes étaient autant de caractéristiques qui contribuèrent fortement à les rendre attractives. Les efforts entrepris au plan pédagogique à travers l'élaboration d'un matériel didactique approprié, l'adaptation sociale, économique et culturelle des contenus du programme, de même qu'un dispositif permanent de renforcement des personnels, avaient été déterminants dans les acquis.

Les actions entreprises dans la structuration du milieu autour des activités et les diverses formations à l'intention des structures locales dans la gestion avaient également constitué des atouts dans la conduite du programme. Diverses contraintes avaient été relevées au cours de l'expérimentation, à la fois liées à des facteurs internes et exogènes. Il s'agissait, plus particulièrement de la non systématisation et de la recherche-action comme outil d'investigation, de prévention et de résolution des problèmes. Des dysfonctionnements persistèrent également dans la gestion des financements et des activités par les structures locales mises en place.

C'est globalement tout le dispositif de pérennisation dans sa structuration, la perception des rôles et responsabilités, dans un contexte économique difficile, qui peinait à prendre la forme attendue, c'est-à-dire porter l'initiative par les populations elles-mêmes. Une autre contrainte externe de fond demeurait. Elle était liée notamment au faible dynamisme du partenariat avec les acteurs locaux. Dans ce processus, c'est surtout la lenteur, voire la résistance des structures académiques à s'approprier le modèle des ECB. Les résultats probants obtenus, la pertinence de la vision qui les sous-tendait, ne semblaient pas suffire comme arguments pour l'adoption et la généralisation des ECB.

*Un groupe d'apprenants de l'école du village*

# XVII

## Droits Humains : Violences faites aux femmes et aux enfants.

La mission que je me suis assigné, et mon organisation avec, c'est de participer pleinement au processus de changement social y compris sur les sujets les plus sensibles comme l'excision. Beaucoup d'ethnies dans cette zone comme partout en Casamance pensent que l'excision est un passage obligé permettant aux jeunes filles (futures femmes) d'assumer pleinement leur role au niveau de leur société. Dans la région du Fouladou, l'excision est pratiquée à hauteur de 70% et totalise à elle seule plus de 50 % des complications liées à l'accouchement. Ce qui pose un réel problème de santé publique. En plus de l'opération, elle est accompagnée de rites initiatiques permettant le passage de l'enfance à la vie adulte. Mais cette dimension d'initiation ne masque nullement le caractère nocif de la pratique. C'est pourquoi, j'ai adhéré au programme de Ofad qui consacre une bonne part de ses activités (1980 à nos jours) à la protection des couches les plus vulnérables de notre société que sont l'enfant et la femme à travers divers projets avec plusieurs partenaires techniques et financiers qui concurrent tous à contribuer à la lutte contre les mutilations génitales féminines, les mariages forcés et précoces et les grossesses non -désirées.

### L'Initiation à l'Education et aux Droits humains : OFAD/Nafoore/ TOSTAN

Les premiers contacts entre Tostan pour l'Education non-formelle en Afrique une ONG basée à Thies et OFAD/Nafoore, ont eu lieu en 1998 dans le cadre des *Centres for Development and population Activities (CEDPA).* Tostan souhaitait avoir une zone d'application de son programme dans le département de Kolda et OFAD/Nafoore accepte le principe, à condition que les animateurs du programme soient issus de notre Organisation. Pour concrétiser cela, les deux structures ont signé une convention de partenariat.

Le programme s'est déroulé dans trente (30) villages, du 15 Décembre 1998 au 30 septembre 1999. Il consistait en alphabétisation fonctionnelle basée sur la santé reproductive. A la fin du programme, une évaluation du partenariat a été réalisée et sa conclusion nous a permis de le prolonger en 2000, pour un autre programme plus important et plus large qui se dénommait « *Village Empowerment Program (VEP)* traduit en français par le renforcement des capacités villageoises (RCV), sur financement USAID et GTZ, dont l'évaluation a été confiée à Population Council. Ce programme d'éducation à base communautaire a été mis en place dans 60 villages dans les Départements de Kolda et Sédhiou. Le programme a été mené par Tostan et OFAD/Nafoore et a abouti aux déclarations d'abandon de la pratique de l'excision « dites de Bagadadji, Mampatim et Karcia » en 1999, 2000 et 2003.

Mon sentiment est qu'il y a eu une forte adhésion au programme mais la durée de l'action fut très courte pour permettre un réel changement de comportement puisque la pratique persiste toujours y compris dans les zones où une déclaration publique d'abandon a été faite.

**Partenariat avec (I)NTACT Internationale, une ONG Allemande.**

Au lendemain de la déclaration d'abandon de l'excision à Karcia (village situé dans le département de Sédhiou) en 2003, notre partenaire allemand avait remarqué la capacité de mobilisation d'OFAD/Nafoore au niveau de la zone sur la thématique des MGF. Madame Elke PROUEL, responsable Afrique de la Fondation **INTACT Internationale**, en Allemagne, venue assister à la cérémonie nous fit l'offre d'une collaboration directe. En effet, elle avait émis l'idée de rencontrer le staff d'Ofad/Nafoore afin d'explorer les possibilités d'un partenariat direct. Après son exposé sur l'historique, la mission et les objectifs de sa fondation, nous avons fait de même sur OFAD/Nafoore. Nous trouvâmes des pistes de collaboration. On a travaillé sur place autour d'une convention nous liant pour une durée de 3 ans renouvelables. Ainsi naquit le partenariat entre cette fondation et notre organisation à partir du projet intitulé : lutte contre les mutilations génitales féminines, dans le département de Kolda, Sénégal. Notre prise de contact avec les populations des zones ciblées avait démarré en 2002 avec soixante (60) villages répartis en sept (7) zones :

- Zone de Saré Dembayel avec 11 villages
- Zone de Diankancounda Oguel avec 9 villages

- Zone de Badiong avec 9 villages
- Zone de Missira Koutayel avec 12 villages
- Zone de Sinthiang Poulo avec 6 villages
- Zone de Site Dimbaa (quartier périphérique de Kolda) avec 4 villages
- Zone de Bagadadji avec 9 villages

Pour tenir compte de la sensibilité de la question se rapportant à des thématiques délicates à traiter dans notre contrée, OFAD/Nafoore fit appel à de jeunes femmes expérimentées et bien au fait de la question des mutilations génitales féminines (MGF) de la zone. Le recrutement de la superviseure et les animatrices fut mené de façon méthodique et rigoureuse. L'équipe était composée de sept (7) animatrices aguerries dans le contact avec les communautés de base, toutes titulaires du BFEM, chacune cumulait au moins une dizaine d'années dans la sensibilisation et la formation en alphabétisation fonctionnelle.

A partir des critères que nous avions définis en tenant compte des spécificités socio-culturelles des zones et en fonction des compétences et savoir être des unes et des autres, nous avions affecté chacune d'elle, dans le village chef-lieu de sa zone. Parmi celles qui furent recrutées à cette occasion, on peut citer Maimouna Baldé, animatrice dans la zone de Diankancounda ; Mariétou DIAO, animatrice dans la zone de Saré Dembayel ; Rouguiatou Gano, animatrice dans la zone de Missira Koutayel ; Safietou Bocoum, animatrice dans la zone de Dimbaa Sikilo ; Ndeye Marietou Baldé, animatrice dans la zone de Bagadadji ; Mame Diara Seck, animatrice dans la zone de Sinthiang Poulo et Aminata Senghor, animatrice dans la zone de Badion.

La supervision des actions de terrain fut confiée à Salimata Sabaly, une animatrice qui avait fait des études supérieures et qui cumulait une expérience de plus d'une dizaine d'années comme formatrice dans les modèles alternatifs d'éducation non formelle.

Notre stratégie d'intervention reposait sur sa philosophie initiale de l'organisation consistant à rencontrer directement les populations dans leurs villages par focus groups ou bien dans leurs lieux d'habitations en consacrant le maximum de temps à chaque séance, pour que la majeure partie de la population puisse s'approprier les concepts du projet. Pour réussir cela dans chaque communauté, où la majorité est analphabète donc à dominante d'oralité, nous projections des images du film sur les MGF, avant de leurs donner la parole afin de recueillir leur feedback.

Au début de la mise en place du projet, survint un évènement aussi inattendu qu'imprévu que qui a eu lieu dans la zone de Sinthiang Poulo précisément dans le village de Sambardé.

L'animatrice qui a été affectée dans cette zone a été renvoyée du village sous prétexte qu'ils ne sont pas prêts à avoir un projet sur l'excision. Informée, la superviseure s'est rendue dans ce village pour s'enquérir de la situation. L'information reçue était exacte. Il fallait utiliser une stratégie pouvant amener la population à accepter de vivre avec notre animatrice dans le village en suspendant la sensibilisation sur l'excision. Le pacte a été scellé entre Ofad/Nafoore et les populations du village en autorisant l'immersion de l'animatrice laquelle pouvait se prévaloir d'un grand capital d'expérience. Consigne lui fut donnée de travailler d'abord sur l'identification des femmes porteuses de voix afin de les sensibiliser et d'appliquer la technique de la boule de neige avant d'étendre cette pratique au niveau des hommes porteurs de voix.

Trois mois après le chef de village décède et l'ONG envoie une délégation pour présenter les condoléances. Cette mission a été bien accueillie par l'ensemble des populations du village. Les femmes et les jeunes ont dit que même dans le malheur l'ONG, partageait les mêmes sentiments qu'eux. Ce fut le déclic d'un nouveau regard en direction de l'ONG. Les notables ont signifié à la délégation venue présentée les condoléances, que l'animatrice pouvait organiser une réunion après les cérémonies de deuil. Une semaine après, la première rencontre fut organisée. Elle enregistra la plus grande mobilisation jamais égalée dans le village d'après le nouveau chef de village. Au cours de la réunion, les notables ont déploré le malentendu de départ. Ils ont promis d'appuyer les séances de sensibilisation en participant tant que c'est possible. Voilà comment, l'équipe a pu résoudre ce problème. Quelle que soit la démarche utilisée (sensibilisations ; focus group ; entretiens, formations), notre argumentaire relevait toujours du domaine de la santé sur notamment l***es conséquences à court terme*** (hémorragies, infections, anémie, etc.), l***es conséquences à moyen terme (***maux de ventres dus aux règles douloureuses, etc.) et le***s conséquences à long terme (***accouchements difficiles, avec un long et douloureux travail la stérilité, les mortalités néo-natales).

Dans chaque village, un comité de suivi et de surveillance(CSS) de la pratique de l'excision a été mis en place ; ce comité a joué un rôle important dans la réussite du projet. Après une bonne sensibilisation et des formations bien maitrisées, les comités de gestion ont élaboré et mis en œuvre des plans d'actions (sensibilisation visites à domicile, focus group). Ainsi, à la fin des trois ans, un consensus social (restitution du contenu des formations en vue de retenir et de vulgariser à grande échelle les bonnes pratiques du projet) regroupant l'ensemble des villages de la zone d'intervention a été organisé à Badion. Cet évènement a réuni beaucoup de personnalités : le responsable d'INTACT international, le Ministre des Forces Armées, natif de Kolda, le Gouverneur de région, le Préfet du Département et les sous-préfets de nos zones d'intervention. Et les communautés bénéficiaires n'ont pas été en reste puisqu'étant les principales actrices de cette manifestation.

Grace aux résultats obtenus, un avenant de financement de trois ans avec une extension du projet dans d'autres communes fut signé. Le partenariat avec cette organisation s'est poursuivi jusqu'en 2007 aboutissant à un autre consensus social à Salikégné où nous avions invité le Gouverneur de Bafata de la République de Guinée Bissau voisine qui fait face avec nous aux mêmes défis dans le respect et la promotion des droits de l'enfant.

Notre engagement pour la communauté notamment sur les questions en rapport avec les groupes vulnérables et l'efficacité de notre approche, nous valurent de diversifier nos partenaires techniques et financiers. Ce fut le cas avec **Save the Children international**, une ONG Suédoise, spécialisée dans la protection de l'enfant. Ici notre démarche fut plus holistique en tant qu'elle englobait l'aspect sanitaire de la pratique de l'excision et la connaissance des droits de l'enfant. A partir de ce moment toutes les interventions étaient basées sur le respect des quatre principes fondamentaux des droits de l'enfant (l'intérêt supérieur de l'enfant, la participation, vie survie et développement, la non-discrimination). Notre démarche avait consisté à user d'arguments mettant en exergue le fait que l'excision soit une pratique violant les droits des enfants. En lieu et place des comités de suivis et de surveillance de la pratique, une autre structuration dénommée CVPE (comité villageois de protection de l'enfant) a été adoptée parce que beaucoup plus englobante car le comité peut s'occuper de tous les aspects liés à la protection. Ces comités furent organisés en une commission qui rendit compte du travail abattu. Avec cette approche des résultats intéressants ont été enregistrés qui vont au-delà de la lutte contre l'excision. Ainsi, nous nous engageâmes, à côté de la communauté, dans l'enregistrement systématique à l'état civil des enfants dès leur naissance et pour lutter contre toutes les formes de violences des filles à l'école.

Depuis cette date, OFAD, de par ses résultats enregistrés et obtenus sur le terrain, a été hissée au rang de partenaire stratégique de Save the Children International et travaille dans les régions de Kolda, Tambacounda et Kédougou.

# XVIII

# OFAD/Nafoore, acteur du plaidoyer pour la paix en Casamance

Ofad/Nafoore étant une organisation de développement agissant au sud du Sénégal ne pouvait être en reste pour la recherche de la paix en Casamance. La paix est une condition préalable à toute action de développement. C'est pourquoi, nous nous sommes engagés à œuvrer dans des actions multisectorielles pouvant contribuer à restaurer la paix en Casamance avec d'autres entités de la société civile en rapport avec l'Etat. Rappelons que c'est le Mouvement des Forces Démocratiques de la Casamance (MFDC) qui a engagé une lutte pour l'indépendance de la Casamance en se servant de l'isolement géographique, mais aussi économique et politique de la Casamance pour fonder sa thèse séparatiste légitimée aussi par le sentiment d'abandon de la population casamançaise par le pouvoir central du Sénégal. Le MFDC créé en 1947, et qui, au départ était un mouvement politique pacifique, a connu en 1980 une relance sous une forme plus radicale car prônant la lutte armée. Depuis, le MFDC oppose une résistance militaire et violente au gouvernement central. Plus de 800 000 personnes ont été directement ou indirectement affectées par ce conflit. Toutes les tentatives entreprises à ce jour pour trouver une solution politique au conflit de la Casamance ont échoué, et ce pour une large part en raison des divisions internes du Mouvement.

Pour s'engager dans la recherche de la paix, OFAD/Nafoore ne pouvait compter sur ses ressources propres, il a fallu nouer un partenariat avec l'Ong américaine WORLD EDUCATION avec l'appui financier de l'Usaid autour d'objectifs dont les résultats attendus sont la consolidation de la paix et la lutte contre la pauvreté. La stratégie a consisté à appliquer une recherche action pour avoir une situation référentielle de départ avant toute action. Le dispositif de formation et de renforcement des capacités s'adressait à l'ensemble des acteurs communautaires en vue d'obtenir une autonomie en matière de choix et de savoir-faire. L'exécution des activités économiques avec le financement des micro-projets, l'appui de WORLD EDUCATION/USAID a permis d'œuvrer pour la promotion des idéaux de paix, de justice sociale et des droits humains. Il s'agissait d'abord regrouper les populations autour d'une activité et ensuite se saisir de cette opportunité pour débattre de thèmes aussi sensibles que la paix, la santé de la reproduction, les MST/SIDA, l'usage de la drogue, la prostitution, etc. D'où l'aspect fédérateur des micro-projets dans la mesure où leur implantation a favorisé un rapprochement entre les différentes communautés, partageant un même espace géographique. L'aire d'évolution des activités, de 2001 à 2005 était les départements de Kolda et Médina Yoro Foulah notamment pour soutenir et accompagner les femmes sur divers aspects:

- Boutiques villageoises,
- Cases de santé,
- Moulins à mil,
- Périmètres maraîchers,
- Elevage de petits ruminants,

Les projets émanaient des communautés rurales cibles. En effet, l'action se justifiait la plupart du temps par la situation socio-économique d'une part et d'autre part par l'importance de la population, de son éloignement, de son enclavement et du volume de la population féminine.

- **Les boutiques villageoises** appelées boutiques communautaires étaient implantées dans des villages où pour trouver un litre d'huile, du pétrole lampant ou des bougies pour permettre aux enfants d'apprendre leurs leçons était un casse-tête, il fallait au moins en faire 5 à 10 km pour en trouver. Les populations de ces villages ont estimé nécessaire de surmonter ces contraintes. C'est dans cette optique que les boutiques villageoises, implantées à Sinthiang Samba Diabounding, à Kambouwa et à Saré Ilo, permettaient aux populations bénéficiaires de trouver les denrées de premières nécessités sans se déplacer sur des kilomètres.
- **Les cases de santé** s'inscrivaient dans le cadre du volet santé communautaire consistant à appuyer les bénéficiaires en médicaments, en équipement divers, en renforcement de capacités du personnel de santé communautaire, en formation des membres du comité de santé sur la gestion administrative et financière des cases de santé communautaires. La finalité de l'activité était d'améliorer la situation sanitaire dans les villages et dans les zones, combattre les maladies courantes (malnutrition paludisme les maladies diarrhéiques), permettre à la population active de mieux travailler en étant en bonne santé, protéger les populations les plus vulnérables (femmes enceintes, femmes allaitantes, et les enfants) en réduisant les risques de mortalité et en aidant les enfants à mieux s'instruire, sensibiliser sur les MST/SIDA et enfin atteindre un taux de couverture vaccinale de 80%. Ce travail s'est révélé d'une importance capitale pour les villages. En effet, cela a aidé à la prise en charge de certaines maladies, tel que les maladies diarrhéiques, le paludisme simple, surtout les blessures légères des paysans et des

enfants dans les champs. Sinthiang Elhadji Saliou, Kandiator, Saré Yerbel, Diankancounda Oguel, Thiéwal Lao, Nghoky et Missira Koutayel étaient les villages bénéficiaires des projets de santé communautaire.

- **Les moulins à mil** ont été un des volets phare du programme surtout pour les femmes. Ils ont considérablement allégé les travaux de ménage des femmes. Hawa Camara, de Saré Kanta Patim fondé depuis cent-vingt ans, a témoigné lors de la visite du Directeur de l'USAID : «« *Regardez mes mains et celles de mes concitoyennes, coépouses, vous comprendrez combien piler est dur et difficile, c'est une chaire humaine contre un objet en bois.[...] malgré d'innombrables demandes, nous n'avions jamais eu gain de cause en ce qui concerne l'acquisition du moulin à mil. Aujourd'hui, grâce à OFAD et WORLD EDUCATION/ USAID, nous disposons enfin de cet engin qui va nous soulage grandement dans l'exécution de nos travaux ménagers. Nous réalisons en même temps un gain de temps énorme que nous comptons réinvestir dans des activités génératrices de revenus* ». Cette attestation rend compte d'une doléance récurrente et de la pénibilité d'un travail qui confronte la chair humaine et le bois. Or maintenant le moulin a remplacé le pilon et le mortier. Auparavant, la femme passait toute une matinée à piler, à sélectionner et à séparer farine et graines. Une opération qui prenait énormément de temps. Comme Saré Kanta Patim, d'autres villages ont bénéficié de l'activité : Saré Coly, Saré Laly, Thidelly, Saré Bouré et Thiéwel Bessel. Historique! Ce fut pour ces populations des moments à la fois historiques et mémorables. Sur les visages de ces braves femmes, marqués par des années de durs labeurs, qui se levaient à l'annonce des premiers lieurs de l'horreur pour piler le mil, se lisait un profond soulagement. Des moments riches en émotion. En effet, je me souviens depuis ma plus tendre enfance, dès que le coq chantait, les femmes se levaient, pilons aux mains pour moudre le mil avec beaucoup de courage, bravant parfois froid et chaleur.
- **Le volet maraîcher** permettait aux femmes d'exploiter un hectare. Il fallait défricher, clôturer, forer et/ ou réhabiliter des puits, équiper en matériel d'exploitation, appuyer en produits phytosanitaire et produire des spéculations à consommer et à commercialiser sur le marché. Les objectifs visés consistaient à lutter contre la malnutrition, la sous-alimentation des femmes enceintes, allaitantes et les tout-petits mais aussi à promouvoir l'emploi non salarié en impulsant la production locale en vue d'améliorer les conditions de vie des populations. Les villages bénéficiaires de ce projet étaient traditionnellement des zones maraîchères qui souffraient de maux comme l'indisponibilité de l'eau à certaines périodes de l'année. La précarité hydrique engendrait des ruptures dans la

pratique de cette activité, la clôture souvent défectueuse ne pouvait pas empêcher les animaux en divagation de détruire les semis ; en plus, le manque de formation en maraîchage des bénéficiaires limitait leurs rendements. Nous avons pu ainsi participer à l'amélioration du plat familial quotidien grâce à la variété des légumes mis à disposition sur le marché et de ce fait, nous avons contribué sensiblement à corriger la situation sanitaire et nutritionnelle des populations. L'activité maraîchère était implantée à Bagadadji, Saré Pathé, Saré Samba Téning, Saré Souna, Toutouné, Sinthiang Tobo, Massara, Saré Oumar Kossy.

- **L'activité d'élevage des petits ruminants** consistait à octroyer des animaux d'élevage à un certain nombre de groupements afin de rompre d'avec l'élevage extensif pratiqué jusqu'ici. L'acquisition des moutons et/ou des chèvres visait à améliorer la race locale et la rendre plus résistante en croisant l'espèce, avec des sujets venant du nord. Ensuite, il fallait pratiquer la stabulation pour les engraisser pendant un temps pour fournir au marché de la viande en quantité et en qualité. Du coup, le pouvoir d'achat des bénéficiaires pourrait augmenter. Les villages cibles étaient Didioré, Saré Dembayel, Kandanga.

A ce stade de présentation de ce parcours, une des nombreuses leçons de vie que cela m'a permis de tirer, c'est d'avoir connu de façon presque intime mon terroir et d'avoir rencontré un grand nombre personnes, qui m'ont accueilli au sein de leurs familles. En effet, pour mener à bien ces différentes activités, il a fallu beaucoup de sacrifices, de privations mais surtout aussi tisser un réseau relationnel dense constitué de femmes, de jeunes et d'hommes de toute condition. J'ai dû passer la nuit dans la quasi-totalité des villages de l'arrondissement de Dabo (aujourd'hui Mampatim) dans des conditions de transport précaires : à pieds, en charrette, en moto ou en voiture. J'ai eu des homonymes au sein de toutes les ethnies dans les quatre coins de mon terroir. Ce fut une fierté d'avoir partagé des moments de douleur et de joie avec des femmes rurales, des personnes humbles et de leur avoir été utile. Cela donne le sentiment, sans fausse modestie, d'avoir participé à l'amélioration des conditions de vie des populations. C'est toute la mission de notre ong, ofad dont l'autre versant du nom est ***nafoore*** qui signifie « utilité » s'inscrivant dans la continuité d'un principe qui a toujours orienté mon action: être utile à autrui.

# XIX
# Mon odyssée avec le Crédit Mutuel du Sénégal.

Rappelons que le CSIVAD[10] s'est posé dès l'origine comme un incubatoire des efforts des jeunes, des femmes et des adultes de la contrée. La solidarité fut son maitre-mot par le biais de classes d'alphabétisation, de chèvreries, de périmètres maraichers et de banques villageoises. Ces dernières qui s'adonnaient au microcrédit sous la forme de tontine améliorée avec montants modestes vont connaitre une mutation qualitative et quantitative avec l'avènement du Crédit Mutuel dans la zone par l'ouverture d'une caisse à Bagadadji qui préfigurera un parcours peu commun.

**A - La Caisse de Bagadadji : Un instrument du Développement de la Zone.**

La première fois que j'entendis parler du Crédit mutuel, c'était en avril 1995, à Kolda, avec la visite de mon ami Souleymane DIACK, journaliste à la RTS de Tambacounda, accompagné de Yves LEON, Directeur Régional du Crédit Mutuel du Sénégal (CMS). Yves LEON m'a fait, en quelques minutes, l'historique du CMS au Sénégal. En voici les grandes lignes :

Le Crédit Mutuel du Sénégal a été créé en 1988 à Thiaré dans le bassin arachidier pour permettre l'accès des populations exclues du système bancaire classique aux services financiers de proximité. Il avait vocation à lutter contre la thésaurisation et l'usure. Pour cela, il mettait à la disposition des acteurs économiques des financements adaptés à la réalisation de leurs projets. Cet instrument contribuait à augmenter les revenus et à lutter contre l'exclusion et la pauvreté pour la promotion des populations et leur bien-être. Sa philosophie est tirée des idées de Raiffeisen[11] à travers les principes suivants : Adhésion libre et volontaire, Un sociétaire, une voix, Éducation coopérative, Solidarité. Chaque Caisse comporte, dans sa partie institutionnelle, un conseil d'administration, un conseil de Surveillance et une Commission de crédit, et dans sa partie technique, un gérant et son équipe. Les membres des deux (2) conseils et commission sont élus par les sociétaires qui sont bénévoles.

Durant les trois années qui ont suivi cette implantation au Sénégal, les parties prenantes se sont attachées à ouvrir d'autres caisses dans les régions de Kaolack et de Diourbel, avant de s'étendre successivement dans les régions de Tambacounda en 1991, de Thiès en 1993, de Ziguinchor en 1995, de Dakar en 1996, enfin dans la région de Saint Louis, en 2003. Par contre, la partie technique est constituée d'agents salariés essentiellement recrutés localement si les compétences existent et le niveau académique requis est BAC plus ou un autre diplôme universitaire.

---

10 -Carrefour Solidarité Inter-Villageoise de l'Arrondissement de Dabo. (voir pp...)

11 -Raiffeisen...

Cet exposé à grands trait de la structure mutualiste sera suivi d'une présentation de Ofad/Nafoore qui est née d'une petite organisation villageoise, suite à la grande sècheresse de 1973 avant de devenir une association de dimension arrondissement pour devenir une ONG nationale. Etant la personne morale de l'Organisation non gouvernementale et d'Appui au Développement (OFAD/Nafoore), j'ai expliqué en quelques mots la trajectoire de Ofad/ Nafoore qui, comme dit plus haut, résulte de la volonté de femmes et d'hommes ruraux désireux de se reconstruire en se réappropriant leur territoire. Les initiateurs de l'ONG ont très vite acquis la conviction que le développement est, d'abord et avant tout, le résultat d'actions locales coordonnées, conçues et réalisées volontairement par et pour eux-mêmes, dans une perspective qui tient compte du legs des anciens, des apports fécondants venus d'ailleurs et du souci de laisser un monde meilleur aux générations futures. Bref, partir de la réalité concrète du terrain pour améliorer l'existant, car notre reconquête, c'est nous-mêmes.

Après cet exposé, Yves m'a dit que ça correspondait exactement à ce qu'il recherchait comme partenaire. Séance tenante, il a lancé un défi à savoir si l'ONG, à travers ses Groupements féminins, ou mixtes, pouvait réunir 250 sociétaires, avec comme apport social personnel de 3000 frs, il allait installer une caisse agrée, avec siège social à Bagadadji. Cette implantation allait nous offrir la possibilité de mettre en place les crédits de campagne pour accompagner nos membres, les futurs sociétaires, pour faire face aux aléas de la période de soudure. Après la rencontre, le week-end arrivant, je m'en suis ouvert au chef de village et, avec quelques conseillers ruraux et GPF, nous organisâmes une réunion communautaire, sous l'arbre à palabre de Bagadadji. Au cours de cette réunion, nous enregistrâmes une forte présence féminine, ce qui augurait d'un bel avenir dans cette zone où l'hégémonie des hommes se fait sentir encore. Je rendis compte de ma rencontre avec Yves et Souleymane et surtout des opportunités offertes aux ruraux. A à la fin de la rencontre, nous désignâmes des émissaires devant aller dans les villages de la Communauté rurale, afin de recueillir l'adhésion des populations et encaisser leur apport, si possible. Vingt heures après, nous avions recueilli 350 adhérents, remplissant toutes les conditions requises et demandées par le CMS. Nous avons pris soin d'informer le Directeur Régional qui s'est réjoui de cet engagement populaire. Ainsi, la première Assemblée Générale Constitutive a eu lieu au mois d'avril 1995, à la place publique, tous les organes créés ; et à l'unanimité, les sociétaires m'ont élu, Président de la Caisse de Bagadadji. En 1996, la caisse obtient son agrément, sous le numéro KD1-96-00088.

Le Conseil d'Administration avec le Conseil de Surveillance organisa une session de formation pour les nouveaux élus sur leurs rôles et responsabilités au sein de la Caisse. A la fin de cette formation, les élus ont délibéré sur les demandes de prêts de Campagne agricole, avec un plancher de 50 000F CFA et un plafond de 200 000 F CF. Puis, le CA valida la candidature de recrutement du gérant.

Après la mise en place des crédits de campagne, et compte tenu du mode d'organisation de la Caisse, il fallait maîtriser les zones afin de garantir un bon taux de recouvrement des crédits de campagne. Fort de mon expérience, acquise au fil du temps dans le management de mon association implantée dans la zone et doublée de mon appartenance au milieu, ce capital expérience m'a permis de faire un découpage en zones pour appliquer facilement le système de cautionnement solidaire. En fait, tous les sociétaires d'une même zone acceptent d'être solidairement responsables des crédits de campagne octroyés dans ladite zone. Aussi, à l'occasion des AGO[12], les différentes zones proposent leurs délégués et ces derniers sont nommés en AGO pour un an renouvelable. En plus de porter les demandes des membres de la zone, les différents délégués avaient, comme mission de juger de la moralité des demandeurs de crédits de campagne, d'évaluer leur patrimoine afin de faire l'arbitrage. Aussi, ont-ils, grandement contribué au suivi et au recouvrement des crédits de la zone. C'est ainsi qu'au moment du remboursement, ils informaient le gérant de l'état des paiements de la SONAGRAINE, l'UNCAS et de la SODEFITEX afin que le recouvrement fasse sur place. De ce fait, certaines zones remboursaient, déjà, en fin février à 100%. Ce dispositif a fonctionné plusieurs années durant, à la satisfaction de l'ensemble des sociétaires de la caisse. En plus de cette activité principale, la vie de la Caisse tournait autour de faits majeurs en relation avec des institutions, des localités. Il s'agit principalement des relations entre la Caisse et l'ONG OFAD Nafoore, la Caisse et la Permanence de Salikégné et les AGO annuelles de la Caisse.

L'ONG OFAD fut un grenier inestimable de produits financiers pour la Caisse de Bagadadji ; les salaires du personnel permanent, des agents de programmes en partenariat avec OFAD/Nafoore et leurs Organisations Communautaires de Base (OCB) étaient tous domiciliés à la Caisse de Bagadadji. Ainsi, la Caisse damait le pion à plusieurs caisses semi rurales dans ce segment de recouvrement des crédits. Aussi les agents d'OFAD étaient très enthousiastes dans leur relation avec la Caisse. En retour, la Caisse faisait des prêts courts termes, pour le personnel des programmes et des prêts moyens termes pour le personnel permanent.

La Caisse de Bagadadji couvrait près du tiers de l'ancien département de Kolda. Elle était limitée à l'Est par la Communauté rurale de Wassadou, à l'Ouest par Dioulacolon, au Nord par

---

[12] -Assemblée Générale Ordinaire

la Communauté Rurale de Fafacourou et au sud par la Guinée Bissau le long de la bande allant du Mamboua au Kanfodiang.

Pour faire face aux contraintes, et vu le nombre de sociétaires qui adhéraient annuellement à la Caisse, en tenant en compte du flux des demandes et des remboursements des crédits de campagne, il était nécessaire de décentraliser. C'est dans ce cadre que la permanence de Salikégné fut créée pour desservir les membres du Mamboua et du Kanfodiang.

Alors, tous les jeudis, le gérant de la Caisse se déplaçait à Salikégné pour faire toutes les opérations manuellement, les enregistrements étaient faits en back office. En période de mise en place et de remboursement de crédits de campagne, la journée du jeudi était insuffisante pour servir tous les sociétaires de Salikégné. Il nous arrivait de débloquer des crédits jusqu'après 20h et aller passer la nuit soit à Bagadadji ou à Kolda. Fort de mes nombreuses années d'expérience dans les processus de développement, je constate *a posteriori* avec fierté que l'organisation des AGO, par la Caisse de Bagadadji était un modèle achevé de mutualité. Notre démarche était de part en part mutualiste du fait qu'au moment de statuer sur les crédits de Campagnes, tous les délégués de zones étaient conscients qu'il fallait rendre compte aux membres présents de la gestion de l'enveloppe de crédit allouée à la zone. Naturellement, ceux qui ont pu avoir les 100% profitent de l'AG pour demander plus et ceux qui n'ont pas atteint les 97% s'expliquent et s'engagent devant leurs membres afin de les rassurer sur la disponibilité du financement pour la prochaine campagne. C'est également, après l'AGO que le CA ordonnait au Gérant de démarrer le montage des dossiers de crédits de campagnes. Les zones, ayant un bon taux de remboursement, se faisaient représenter en masse et rivalisaient d'ardeur quand leur délégué prenait la parole. Certaines zones éloignées venaient à la veille pour rembourser les derniers impayés pour éviter que leurs membres soient cités parmi les mauvais payeurs.

Lors de l'AG, la place publique de Bagadadji était bondée de monde dès les premières heures de la matinée. Les élus du secteur et les salariés de la Direction Régionale ainsi que des délégués de la Fédération ne rataient ces AGO qui étaient des moments très forts dans la vie sociale du secteur. Les villages voisins, avec leurs chefs et les autorités Administratives, rehaussaient toujours de leur présence, ces moments forts de partage et de sensibilisation. Les repas étaient servis, à volonté, par la maitresse des lieux en l'occurrence Mme Coumba Pam Koita, aidée en cela par les Amazones de OFAD-NAFOORE, Astou, Combé entre autres.

L'une des AGO qui m'a le plus marquée est celle à laquelle Georges Coudrey, Président du CICM et Bernard Tissot, Directeur Général du Crédit Mutuel du Sénégal, ont pris part. Cette assemblée s'est faite avec un fort relent culturel animé par des artistes issus des différentes zones. Le maître de cérémonie, le Président du Conseil de Surveillance, de la Caisse, Samba BALDE, plus connu sous le nom de « Samba Moussé[13] », a fait une belle prestation ce jour-là. L'émotion était lisible sur les visages de nos hôtes, ils étaient convaincus du bien-fondé de leur mission et la caisse rurale de Bagadadji en était la parfaite illustration.

Après mon élection en tant que Président du Secteur sud-est, ma première tâche fut de densifier le réseau à travers les trois régions administratives que sont : Tambacounda, Kolda et Kédougou. S'appuyant sur une équipe d'élus et de salariés, coachés par le Président Demba Traoré, un jeune élu, dynamique, loyal et travailleur, nous sommes passés de trois caisses à sept caisses en un an avant d'atteindre dix-huit en moins de dix ans comme me le rappelait fort justement Monsieur Youssouph Doumbia, animateur aguerri et mutualiste convaincu. Cette équipe appliquait à la lettre la politique des « quatre yeux » (c'est-à- dire élu et salarié) durant toutes ses séances de formation et de sensibilisation pour bâtir un CMS, à l'image de la famille africaine : large, diversifiée et respectueuse de ses principes. L'application des bonnes pratiques sociales, doublées de celles apprises au cours des nombreuses séances de formation et de sensibilisation était le bréviaire des sociétaires, de la base au sommet.

**B - LA FAITIERE : Un levier au Service des Populations :**

Concomitamment à notre action au niveau régional, se déroulait au niveau national, sous la direction du troisième Directeur Général Monsieur Thierry Papillon le processus de mise en place du premier plan stratégique triennal dénommé « Cap 2002 ». Celui-ci avait comme objectif l'atteinte des 3A (Autonomie Politique, Autonomie Technique et Autonomie Financière). Pour la rédaction de ce plan, il a fallu organiser un atelier en 1999 avec la participation de toutes les Antennes régionales qui étaient représentées par deux Caisses : une urbaine celle de Diourbel représentée par le Président Abdoul Aziz Basse et l'autre Rurale celle de Bagadadji représentée par le Président Baba KOITA, et six agents choisis par corporation.

Il faudra peut-être, rappeler que sur le plan politique toutes les Caisses locales étaient dotées d'organes statutaires (CA, CS, CC[**]) ; dès lors le premier objectif du CAP 2002 à savoir l'atteinte de l'Autonomie Politique devait aboutir à la mise en place de la faîtière par le biais de la Fédération des Caisses du Crédit Mutuel du Sénégal (F.C.C.M.S[**]).

[13] Samba l'enseignant

Le second objectif était l'atteinte de l'Autonomie Technique qui devrait amener le CMS à se départir de la gestion manuelle des Caisses et de la Comptabilité, mais aussi de l'assistance technique des experts du Crédit Mutuel de France. Nous avons commencé avec le système back office pour ensuite passer au front office avec l'informatisation du maximum ou de la totalité des Caisses Locales. Ceci est apparu un processus dynamique et évolutif qui allait nous amener au finish à informatiser les opérations même au niveau des permanences.

Le dernier objectif, mais pas des moindres, du Plan Stratégique CAP 2002 fut l'atteinte de l'Autonomie Financière. Le Crédit Mutuel du Sénégal devrait arriver à supporter ses charges de fonctionnement et financer son développement sur ressources propres. Entre-temps un Comité Consultatif constitué de membres représentants les structures de bases, antichambre de la Fédération a été nommé pour dérouler les activités.

Notre Directeur Général d'alors, Monsieur Thierry Papillon, s'était attaché à la réalisation d'un diagnostic profond de notre entreprise dans son environnement en privilégiant une démarche d'homme de terrain en parcourant toute l'étendue du réseau, discuter avec tous les acteurs salariés, administrateurs et sociétaires, rencontrer l'essentiel des partenaires pour prendre le pouls de l'entreprise et au-delà comprendre la psychologie de l'homme sénégalais, ses us et coutumes.

La mise en place de l'association a participé à un souci d'avancée institutionnelle qui nous a amené à la fédération. Du point de vue CMS CAP2002, nous étions en parfaite identité de vue avec les techniciens sur la vision. Cette identité était primordiale et dénotait l'état d'esprit qui prédominait au sein du mouvement. Le Mutualisme est quelque chose qui ne se décrète pas mais qui se vit au jour le jour. Au CMS, les élus et les techniciens sont habitués à travailler ensemble depuis son démarrage.

C'est ainsi que la Fédération des Caisses du Crédit Mutuel du Sénégal a été créée en 2000. Ce succès nous le devons en grande partie à Thierry Papillon qui a su appliquer à la lettre, les recommandations de notre diagnostic partagé avec rigueur et célérité, démontrant ainsi qu'il était un manager visionnaire compétent, éclairé, expérimenté, déterminé et démonstratif.

Après, Thierry Papillon, nous accueillîmes son successeur Bernard TISSOT. Arrivé en Septembre 2001, Monsieur TISSOT a rencontré et écouté les Présidents de Caisses locales et les gérants. Il a échangé également avec les cadres supérieurs. Je me souviens que c'est, au cours de la réunion du Conseil d'Administration du 17 Novembre 2001, qu'il livrera ses conclusions issues de son diagnostic de l'entreprise ayant abouti à la modification de la structure centrale afin de rendre le CMS plus efficace, apte à relever les défis et les enjeux, pour mieux répondre aux attentes des sociétaires, des élus et des salariés. Le diagnostic de l'entreprise, s'énonçait ainsi : « *Autrement organisé, le crédit Mutuel du Sénégal, s'il utilise à fond les compétences internes dans des cadres de concertations vivants, connaitrait sûrement un développement plus accéléré et maitrisé que par le passé qui lui vaudra un positionnement de leader dans son marché* ». A partir de ce moment, le résultat de ce diagnostic fut notre tableau de bord durant une bonne période, ce qui confirmera sa pertinence dans les faits en faisant du CMS, le leader des Mutuelles au Sénégal.

Bernard Tissot était assidu et ponctuel au travail. Son amour pour le mutualisme restera un exemple de comportement que nous avons tous gardé de lui. Il a eu à travailler avec la plupart d'entre nous[14] sur les modifications adoptées à l'issue de cette réunion notamment les défis et enjeux à relever :

- La création de la Direction du Réseau regroupant les directions régionales, le service des engagements et le contentieux.
- La création de la Direction Régionale de Dakar, région appelée à un développement très important dans les années suivantes.
- La création de la Direction Marketing Communication pour mener et animer les réflexions prospectives dans les domaines stratégiques de l'entreprise.
- Le rattachement de l'Inspection Générale à la Direction Générale par souci de neutralité et de meilleure indépendance.
- La création du poste de chargé de Missions, qui assure en même temps la responsabilité de la vie du mouvement.
- Le renforcement des effectifs sur la filière Crédits (les gestionnaires de crédits).

---

[14] - Dont entre autres toutes les personnes qui nous ont quitté. Parmi lesquelles l'illustre Président Alioune Diodio BA, 2eme Président du Crédit Mutuel du Sénégal, disparu à la fleur de l'âge. A cette disparition s'ajoutent celles de Jean ROUET et de Mamadou TOURE qui furent des directeurs généraux hors pairs, des cadres émérites qui, malheureusement aussi arrachés à notre affection. Ils ont eu la chance et l'honneur de manager le CMS, avant de revenir comme DG de la BIMAO, périodes durant lesquelles je les ai connus. Pour leurs mémoires, et pour un legs aux générations présentes et à venir, j'invite tous les collègues mutualistes, expatriés français, comme nationaux sénégalais, élus comme salariés, d'écrire les belles pages de ces institutions, non seulement pour ces illustres mutualistes, mais aussi et surtout pour la postérité. Si une telle idée pouvait se réaliser durant mon existence, je serai heureux et fier de me joindre à un tel projet, pour apporter ma modeste contribution. En attendant que se réalise ce rêve, je décris sommairement mon passage dans l'Association et dans la Fédération.

**Autres Défis**:

- Une concurrence de plus en plus forte à la fois des mutuelles et des banques classiques,
- Une attente de nouveaux produits et services, par exemple sur l'habitat et les transferts internationaux,
- Une obligation de renforcer les fonds propres pour consolider l'assise financière, indispensable à sa pérennisation et au financement de son développement.
- Une volonté de dimensionner le réseau de Caisses locales sur tout le territoire du Sénégal et de l'aménager à l'image des ambitions de ses sociétaires
- Une nécessité d'améliorer en permanence l'outil informatique pour une meilleure qualité de service.

Pour mener à bien ces réformes et faire face aux enjeux et relever les défis, Bernard TISSOT en bon connaisseur des hommes, doublé de son sens d'équilibre, a délimité progressivement les champs de compétence des uns et les autres, aplanissant les nombreuses incompréhensions, pour tirer le meilleur des dispositions naturelles de chacun d'entre nous. Après une année de mise en œuvre de cette réforme, nous avons enregistré un bon rythme de développement. Il suffit d'évoquer quelques chiffres au 31 Juillet 2002, car plus de 2000 sociétaires enregistrés par mois et l'encours de dépôts estimés à plus de 400 millions par mois. Toutes nos Directions Régionales ont eu une activité soutenue et la benjamine Dakar a connu un développement fulgurant durant des mois.

Déjà 70% de l'objectif de l'année étaient atteints. Malgré cette embellie, pour progresser et réaliser les ambitions et relever les défis, le CMS a non seulement orienté son combat de tous les jours contre notre « bête noire » qui étaient les Créances Douteuses Litigeuses, mais encore demandé à être soutenu et accompagné. Une requête a été introduite dans ce sens auprès du Conseil d'Administration du Centre International du Crédit de France en Septembre 2002. A cette occasion, je déclinais devant cette assemblée les différents projets du CMS et les défis auxquels nous étions confrontés.

- ✓ **Le lancement d'un nouveau logo à** la fois pour les sociétaires dont un grand nombre se situe de plus en plus dans les zones urbaines et péri-urbaines et pour les élus et salariés qui souhaitent distinguer le CMS d'une multitude de mutuelles qui créent la confusion sur le terrain. C'était une volonté de donner une image plus moderne de l'institution.

- ✓ **Le réaménagement s'inscrivait simultanément** avec la réhabilitation des caisses dans l'exécution d'un plan étalé sur plusieurs années dans le but en essayant d'en devenir propriétaires, surtout en milieu rural.

Tout cela participait de la volonté de mieux accueillir et servir les sociétaires, et d' améliorer les conditions de travail des salariés. Ainsi, un audit complet du CMS, sur le fonctionnement institutionnel, sur l'organisation et sur le portefeuille de crédits, a été entrepris et financé par l'Agence Française de Développement, notre partenaire. Les conclusions ont servi à nourrir le plan stratégique 2003-2005 ...

**Les axes stratégiques exigeaient de:**

- Terminer l'implantation territoriale par le déploiement sur la Région du Fleuve
- Mettre en œuvre une activité spécialement destinée aux petites et moyennes entreprises (CM PRO)
- Offrir de nouveaux produits tels que le prêt à l'habitat et le service de transferts internationaux.
- Réaliser l'interconnexion informatique de notre réseau avec la Direction Générale,
- Se doter d'un organe financier.

Tous ces éléments confirment que le Crédit Mutuel du Sénégal remplissait sa mission à l'égard des populations et inspirait confiance pour son avenir et ses capacités à se pérenniser. Il faut dire que tant de défis, à la fois, ne faisaient que booster la volonté des dirigeants du personnel et des sociétaires mais l'édifice reste encore fragile : une fragilité essentiellement « humaine ».

Le nouveau Directeur Général, après le travail intense de ses prédécesseurs, aborda une nouvelle étape, censée être la dernière : la responsabilisation, de plus en plus grande, de nos cadres, afin que l'un d'entre eux puisse être amené à prendre les rênes de l'entreprise. Un travail difficile et long en perspective surtout en ce qui concerne certaines habitudes dont il faut se débarrasser. La responsabilisation, l'exigence de compétence et celle éthique doivent être à tous les niveaux des cadres dirigeants et des élus, notamment des élus de la Fédération. Là aussi, un travail long et difficile attendait. Déjà, une affaire grave avait secoué la Caisse de Ziguinchor, démontrant à souhait la fragilité du fonctionnement institutionnel et le risque existant de voir des ambitions personnelles déstabiliser l'unité et le développement de notre institution communautaire. Le séminaire de Dakar avait fait l'état des lieux et rappelé l'attachement des réseaux mutualistes africains à l'appui permanent du CICM dans la construction de son développement et de son autonomie. Cet appui s'est poursuivi sous forme technique avec de CICM et sous forme financière avec l'Agence Française de Développement en meme temps que se préparait la « sénégalisation » intégrale du CMS

**Réseau Crédit Mutuel Afrique**

A l'image de ce qui se fait en France, il est apparu nécessaire de renforcer la synergie sur le continent africain entre les différents mouvements mutualistes. En effet, le mutualisme en Afrique doit être plus fort, à la fois sur un plan politique et sur un plan organisationnel. Le schéma institutionnel en vigueur s'ordonne autour de l'UEMOA dont le Sénégal et le Mali font partie. Les grandes décisions concernant l'avenir des institutions mutualistes se situent à ce niveau, car les autorités de tutelle restent les Ministères des finances de chaque Etat.

- **Sur le plan politique**, il s'agit d'être capable de défendre les intérêts des institutions mutualistes contre la dynamique de la mondialisation capitaliste à savoir les banques commerciales traditionnelles.
- **Sur le plan organisationnel**, il semble possible d'avoir des **synergies de moyens.** La perspective pour les mouvements mutualistes, tout en étant davantage autonomes, resterons sous **une Tutelle Interne du Crédit Mutuel Africain**. Les différents pays n'étaient pas au même niveau. Le Crédit Mutuel du Sénégal, après avoir atteint l'objectif du triptyque des trois « A » (Autonomie financière, Autonomie institutionnelle et Autonomie technique), s'est lancé dans la dynamique de consolidation de cet acquis. Au plan financier, plus qu'une simple capacité à financer ses investissements, l'institution a jugé nécessaire de rendre à ses sociétaires tous les services bancaires (domiciliation de salaire, virements internationaux, encaissement de chèque) jusque-là offerts par l'entremise des banques classiques.

Par ailleurs, le besoin de financement moyen, long terme des sociétaires et clients, allant crescendo, il échut de trouver un moyen, des ressources sur le marché financier. Or, selon la législation en vigueur à cette époque, dans la zone UEMOA, seul un établissement bancaire pouvait satisfaire de tels besoins. D'où l'objectif d'alors, de créer un organe financier ayant statut de banque.

S'il est vrai que la loi 95-03 du 05 janvier 1995 prévoyait dans ses articles 55 et 56 une telle possibilité pour les structures mutualistes, elle l'avait cependant complexifié, en exigeant le respect des principes coopératifs listés dans l'article 11 de la même loi. Dans un tel contexte, le

Crédit Mutuel du Sénégal, identifiant le caractère partagé de ses besoins par d'autres réseaux de la sous-région, avait trouvé les structures partageant ses valeurs d'entraide et de solidarité.

Au plan organisationnel, la solution a consisté à profiter de l'article 28 de la loi pour créer une banque sous forme de société anonyme. Au plan institutionnel, il paraissait opportun, eu égard à ce qui précède, de créer une confédération pour faire partager à tous les réseaux ayant un lien commun au-delà des aspects financiers, des solutions organisationnelles et de capacitation. Au plan financier, le Crédit Mutuel du Sénégal s'est engagé à préfinancer la capitalisation de ladite banque.

Ainsi, naquit, le 16 Avril 2003, à Bamako, la Confédération des Caisses Mutualistes d'Afrique de l'Ouest (CCMAO). La première décision prise, le jour même, a été de créer un établissement bancaire pour répondre aux attentes et préoccupations de JEMENI et du CREDIT MUTUEL DU SENEGAL.

Les énergies ont immédiatement été concentrées sur la rédaction du dossier de demande d'agrément de la Banque des Caisses Mutualistes d'Afrique de l'Ouest, (BCMAO), dossier déposé auprès des autorités le 28 Juillet 2003, après avoir constitué la société le 4 Juillet. Devenue la Banque des Institutions Mutualistes d'Afrique de l'Ouest, le 26 Mai 2004, la commission bancaire donnait un avis conforme le 9 Décembre avant que le Ministre des Finances du Sénégal ne signe l'arrêté d'agrément, le 07 Janvier 2005. Avec, comme autres membres créateur l'Union Jemeni et le CICM, par le canal de Cardinet Participations.

Dans le fonctionnement, force est de constater que ces deux institutions ont connu de réels problèmes de gouvernance dus à une volonté des représentants du CICM d'imposer leur politique on ne peut plus en porte à faux avec la stratégie initialement partagée et retenue. Evidemment, il faut le reconnaître, en le déplorant, la Direction Générale de la BIMAO, de l'époque, n'avait rien fait pour améliorer la situation, mais, au contraire, avait plutôt pourri l'atmosphère pour assoiffer leur boulimie du pouvoir. C'est ainsi, qu'en Mai 2008, des accords ont été signés pour une séparation à l'amiable avec le CICM, en qualité d'opérateur et Cardinet Participations en tant qu'actionnaire. Transitoirement, une réorganisation a été opérée au plan fonctionnel et au niveau des instances.

Si, au niveau de la BIMAO, des acquis étaient constatés, c'était tout autre chose en ce qui concerne la CCMAO. C'est pourquoi, compte tenu du rôle, combien important, que joue cette confédération au bénéfice de ses membres, il nous avait paru nécessaire de diagnostiquer sa situation afin de trouver une approche consensuelle. C'était le sens du séminaire de la CCMAO organisé, en Aout 2009, à l'hôtel Lamantin Beach de Saly, dernier séminaire, auquel j'ai assisté, en tant responsable au CMS.

Cette expérience dans le Crédit Mutuel fut enrichissante à bien des égards, à toutes les étapes du parcours tant au niveau local que national et international. Au-delà des compétences techniques acquises, il y a toujours des liens humains qui se tissent. Ce fut le cas avec Bernard Tissot avec lequel j'ai noué des rapports respectueux et amicaux : « *Cher Bernard, tu m'as plusieurs fois reçu, avec courtoisie et sans aucune formalité. Mes doléances écoutées avec attention, examinées avec perspicacité, mes correspondances bien instruites et répondues dans les délais les meilleurs et toujours empreint d'objectivité et d'efficacité...C'est ainsi, je me suis toujours senti bien suivi, utilement conseillé, mes doutes levés, mes appréhensions éclairées, mes erreurs redressées, mes insuffisances remédiées avec beaucoup de clairvoyance...*

*Nos contacts répétés à l'occasion de mes visites à la Direction Générale, de nos diverses réunions, m'ont apporté un savoir-faire qui s'est traduit par une somme d'expériences pratiques, utiles et réelles.*

*S'il y a bien une chose que je puisse témoigner, avec honnêteté morale, sans équivoque, sur toi, c'est bien ton intégrité morale et intellectuelle. Plus encore, j'ai rarement rencontré un « intellectuel » qui s'approprie, avec autant d'enthousiasme et d'engagement, le développement de mon pays, le Sénégal, et l'avenir de ses populations. Tu es et restes un ami, plus qu'un frère, malgré les vicissitudes de la vie et je garde une haute estime de ta personne...* ».

Bernard Tissot Directeur Général de la BIMAO

N'eut été le passage au Crédit Mutuel, je n'aurais connu celle qui allait etre ma troisième épouse. En juin 2005, ma vie a pris un autre tournant. Le Soninké-fullanisé de Dialambéré, que j'étais, prit comme femme, une jeune bambara de Mandianbougou. Elle me rejoignit à Dakar après quelques jours, où nous primes une villa en location pour habitation.

Quelques mois après cet heureux évènement, comme mon feu père, je vendis mes quelques vaches au village, pour aller accomplir le 5eme pilier de l'islam à la Mecque en 2006.

# XX

# Après Bamako, retour au bercail

Après mon départ de la BIMAO, pour tourner la page, j'ai migré temporairement à Bamako au Mali, avec une partie de ma famille. Située sur les rives du fleuve NIGER, appelé « Djoliba » « le fleuve du sang » en mandingue, la ville de Bamako est construite dans une cuvette entourée de collines. Il y a la rive droite où se trouve la colline du Pouvoir renferme presque la quasi-totalité de l'administration Malienne et la rive gauche où se trouve le Savoir : Universités, Grandes Ecoles et Instituts En 2005, j'avais mis en pratique une assertion de là-bas qui disait ceci *: « Pour les citadins, la vie après la mort n'est en effet possible que lorsqu'on a un « chez soi », une maison à son nom, qui va, pour l'éternité,* représenter *son propriétaire »* Dès notre arrivée, ma famille et moi nous nous sommes installés dans une maisonnette acquise en 2005 et située après le quartier dit « Attétébougou 320 logements sociaux »

Après un repos bien mérité, j'ai créé en fin 2010, une entreprise, en partenariat avec la Banque Atlantique, du côté de la colline du SAVOIR. La gestion au quotidien de cette entreprise m'a permis de renouer avec le monde de la finance, mais au plus bas de l'échelle. Les commissions générées par cette entreprise me permettaient de mener correctement ma vie. Mon seul handicap, dans cette contrée, était la langue « Bamana, la plus parlée du Mali » que je ne maitrisais pas malgré, ma proximité avec la région du « Pakao » en Casamance où on parle le « mandingue, une langue apparentée au bamana ».

Durand mon séjour, ma famille s'est agrandie avec la naissance d'un garçon, à qui je donnais le prénom de mon chef spirituel Cheikh Oumar dont les restes reposent sur cette terre bénie du Mali. Nous baignâmes dans une bonne ambiance jusqu'à en milieu de l'année 2013, quand j'ai été avisé, par un ami burkinabé, qui travaillait dans une institution américaine à Bamako, de la présence de cellules « dormantes » de djihadistes dans la ville, créant ainsi une insécurité permanente, totale et dangereuse. Alors, je décidais de rentrer au pays avec ma famille, pour la mettre à l'abri. Dès mon retour je repris du service au niveau de notre association dénommée : Organisation de Formation et d'Appui au Développement (OFAD/Nafoore), dont je suis cofondateur. Je renouais avec ma conviction de toujours d'après laquelle que le développement demeure, d'abord et avant tout, le résultat d'actions locales coordonnées, conçues et réalisées volontairement par et pour nous, dans une perspective qui tient compte du legs des anciens, des apports fécondants venus d'ailleurs et du souci de laisser un monde meilleur aux générations futures.

La première action que nous avons entreprise, aidé en cela, par un groupe d'experts pluridisciplinaire et les populations de la zone d'intervention, a été de concevoir un plan stratégique quinquennal 2013 – 2018. Ce plan stratégique est le résultat d'un processus d'élaboration interne et d'une concertation ouverte aux populations et à nos partenaires. Il s'offre comme un parcours balisé sur cinq années. Sa mise en œuvre dans les régions de Kolda, Sédhiou et Kédougou a contribué à l'émergence d'un processus de transformation sociale et économique positive.

Cette approche place le bénéficiaire au cœur du cycle de gestion des projets déroulés par OFAD. En effet, il contrôle le processus de mise en œuvre de bout en bout dans un climat de redevabilité transparente et porteuse de prémisses de durabilité. L'exécution de ce plan aura permis de renouer avec le monde du plaidoyer et du lobbying dans une optique de levée de fonds pour le financement de projets structurants et porteurs de plus-value pour les communautés de base peuplant les zones d'intervention de mon organisation. Bien des progrès ont été enregistré dans la réduction des cas de violation des droits humains, notamment les mutilations génitales féminines, l'inaccessibilité à l'éducation et à l'état civil par les enfants des terroirs ruraux. On a noté des avancées significatives qui honorent nos engagements personnels en tant que personnes morales de l'organisation, mais surtout en tant militants de la cause juste.

Le relèvement du niveau de richesse des femmes à travers des actions entrepreneuriales fécondes a permis l'équilibre des ménages favorable à l'éducation et la santé du couple mère-enfant. Tous ces résultats ont renforcé l'ancrage social et institutionnel d'OFAD/Nafoore auprès des communautés de base, de l'administration territoriale et des services techniques. OFAD est devenue une actrice de la société civile capable d'accompagner les pouvoirs dans la mise en œuvre des politiques publiques en s'inspirant de son capital d'expérience tiré de l'exercice de son 1$^{er}$ plan stratégique quinquennal.

Ce nouveau contexte, nous invite à une nouvelle réflexion pour bâtir un monde meilleur pour les générations actuelles et futures. Pour y arriver, tout un chacun, personne morale ou physique, doit y apporter du sien pour maîtriser les vicissitudes du contexte et les transformer en intrant de progrès social et économique. C'est à cet exercice que mon organisation OFAD/Nafoore s'est livrée en 2018, pour élaborer son nouveau plan stratégique. Pour y parvenir, nous nous sommes réunis de janvier à août, pour réfléchir, schématiser et planifier afin de disposer d'une vision, d'une mission et des axes programmatiques répondant à un projet de société fondé sur l'équité. Cette planification inspire plus d'un titre, tant sur sa spécificité sur certains secteurs, que sur son caractère transversal sur d'autres secteurs, pour aboutir en définitive, à une vision complète et viable en parfaite cohérence avec les politiques publiques en cours notamment, le plan Sénégal Emergent **(PSE),** la Stratégie Nationale de Sécurité Alimentaire et Résilience **(SNSAR),** le plan stratégique multisectoriel de la nutrition **(PSMN),** le Programme d'Accélération de la Cadence de l'Agriculture au Sénégal **(PRACAS),** le plan National du Développement Sanitaire et social **(PNDS),** le plan National d'Adaptation au Changement **Climatique (PNACC),** le programme d'Eau Potable et d'Assainissement du Millénaire **(PEPAM),** Plan d'Actions pour la Gestion Intégrée des Ressources en Eau du Sénégal **(PAGIR),** et le Plan National de National d'Aménagement et du Développement Territorial **(PNADT).**

Le nouveau plan adossé sur des instances de gouvernance fraichement renouvelées, ouvre des perspectives pour un développement harmonieux, équitable et durable où le bénéficiaire est au cœur des processus de transformation, de production et d'utilisation des ressources. Conscient que sa réalisation requiert des ressources humaines compétentes et d'un partenariat dynamique et fécond, nous nous sommes lancés dans la modélisation du personnel technique pour répondre aux exigences techniques de qualité dans la production, la mise en œuvre et le suivi-évaluation.

La diversification des partenaires est devenue notre cheval de bataille. En fin 2020, nous avons réussi à bâtir une équipe solide capable de conduire tous les projets et programmes sectoriels, mais également, réussi à mobiliser plusieurs partenaires notamment les pays Nordiques (Suède) et de l'Amérique du Nord (Canada) pour financer notre nouveau projet de société, dont la mission est de « renforcer les capacités des enfants et des femmes à construire des alternatives pérennes ancrées dans les valeurs sociales, par une synergie des acteurs de la protection des droits humains, et de la promotion d'un développement social et économique porteur de dignité et de durabilité ».

Cette mutation de l'organisation présage de l'apparition de nouvelles problématiques qui invitent les nouvelles générations à l'œuvre. C'est pourquoi, à ce stade de mon récit de vie, il semble opportun de formuler deux vœux. Le premier, pouvoir quitter volontairement et définitivement les instances de l'association à la fin de mon mandat statutaire qui coincide avec la fin de ce plan stratégique 2018-2023 en laissant un projet social pertinent et ambitieux entre les mains d'un personnel compétent et discipliné, ouvert à des partenaires généreux pour la cause juste afin de transformation nos modes de vie pour « **un plus vivre** » et « **un mieux vivre** ». Le deuxième, parvenir à combler le vide criard d'écrits sur le Fouladou. Pour ce faire, j'encourage les intellectuels, surtout les étudiants d'ici et d'ailleurs à écrire pour faire revivre ces fils qui ont marqué son histoire et sauver leur héritage des ténèbres de l'oubli. Parmi ces hommes de culture, on peut citer: Djibril Bâ, journaliste et grand reporter, Moctar Kébé, Abdoulaye Fall, journalistes de la presse écrite, pour la qualité de leurs productions. Des légendes de la musique traditionnelle comme: Haady Téréfal, Doutal Baldé, Kanta Boiro, Bobo Baldé, Oumar Gayel Kandé, Bakary Limaname Boiro, Sana Seydi, Djengui Bambadoo Baldé sans oublier les vaillantes cantatrices que sont : Ramata Mballo, Racky Diallo, Mayo Diao. Des figures emblématiques de la scène politique du Fouladou : Yéro Kandé, Demba Koïta, Ousmane Seydi, Saliou Diao, Sandigui Baldé, Foula Sabaly, Mama Guirassy, Sambayel Tékkeré, Yéro Diaw et j'en passe.

Baba Koïta, natif de Dialambéré, a travaillé pendant des années comme comptable à la mairie de Kolda, puis au CRZ (Centre de Recherches Zootechniques) pour la même fonction. Il a soutenu avec succès le 28 Mars 2000, à l'Université de Paris 8-Sorbonne Nouvelle, son Diplôme des Hautes Etudes Sociales (DHEPS), équivalent du Master 2. Il devient ainsi un grand cadre spécialisé dans les schémas de développement au Sénégal et partout en Afrique. A la fin des années 1990, il lance l'Ong OFAD/Nafoore basée à Bagadadji dans le département de Kolda. Il intègre et aide le réseau du Crédit Mutuel du Sénégal à s'étendre dans le Sud-est du Sénégal avant de devenir le Premier Président de l'Association des Caisses du Crédit Mutuel du Sénégal. En trois ans, il fait évoluer ce réseau mutualiste de type individuel à une fédération avec des instances structurées, fonctionnelles et reconnues aussi bien par les autorités de l'Etat que les autorités Monétaires de la sous-région Ouest africaine. Grâce à son engagement et à son sens élevé de l'initiative, il en deviendra le Premier Président. Avec le Directeur Général Bernard Tissot, il se lance à la conquête de la sous-région et crée simultanément la première Confédération d'Institutions de Micro finance en Afrique dénommée Confédération des Caisses Mutualistes d'Afrique de l'Ouest (C.C.M.A.O.), et la Banque des Institutions Mutualistes d'Afrique de l'Ouest (B.I.M.A.O.), première banque mutualiste d'Afrique qu'il présida jusqu'en Décembre 2009. Désormais Baba Koita se consacre à son ong OFAD/Nafoore basée à Bagadadji dont les activités, au profit des populations, du Fouladou portent sur différentes filières comme l'agriculture, l'élevage, l'environnement et l'alphabétisation. Baba Koita est un homme multidimensionnel, un soldat du développement qui s'est battu très tôt à partir de 1973 à travers différentes associations villageoises pour combattre la misère et la pauvreté dans son Fouladou natal.

yes

# I want morebooks!

Buy your books fast and straightforward online - at one of world's fastest growing online book stores! Environmentally sound due to Print-on-Demand technologies.

Buy your books online at
**www.morebooks.shop**

---

Achetez vos livres en ligne, vite et bien, sur l'une des librairies en ligne les plus performantes au monde!
En protégeant nos ressources et notre environnement grâce à l'impression à la demande.

La librairie en ligne pour acheter plus vite
**www.morebooks.shop**

KS OmniScriptum Publishing
Brivibas gatve 197
LV-1039 Riga, Latvia
Telefax: +371 686 204 55

info@omniscriptum.com
www.omniscriptum.com

Printed by Books on Demand GmbH, Norderstedt / Germany